Ⓢ新潮新書

坂上 忍
SAKAGAMI Shinobu

おまえの代わりなんていくらだっている

覚悟の仕事論

757

はじめに

わたしが小学3年生ぐらいの頃、4歳年上の兄貴の部屋をこっそり覗くと、本棚に小説がビッシリと並べられていた。

エラリー・クイーン、クロフツ、アガサ・クリスティ……。

なんだか、とても大人に映った。

兄貴の真似ばかりしていたわたしは、早速親に本をねだる。玩具などは一切買ってもらえなかったが、物書きだった親父は本だけは即ＯＫだったのだ。

ただ、兄貴が愛読していた外人さんの推理小説には、さすがに手が出なかった。

とりあえず、横溝正史を全作読破した。怖過ぎて寝つきが悪くなった。次に筒井康隆に惹かれ、こちらも全作制覇。

で、いきなり行き詰まる。微妙に物足りなくなってきたのだ。

そんな時、中学生だった兄貴の国語の教科書が目に留まる。最後の頁に文学史の年表が貼り付けられており、芥川龍之介、夏目漱石、太宰治、三島由紀夫、武者小路実篤と、なんとなく耳にしたことがある作家の名前で埋め尽くされていた。

「これだ！」と、おもった。

手始めに芥川龍之介の『蜘蛛の糸』を買ってみた。意味がわからない以前に、漢字が読めなかった。速攻で国語辞書を買いに行った。

『地獄変』を手に取った。途中で断念した。

なんだかわからないが悔しさだけが募った。親父に相談した。「なにを読めばいいのか？」

すると親父は、山本有三の『路傍の石』を薦めてきた。

泣いた。「本を読んで泣く感情が湧くんだ」と、驚いた。ちょっと面白くなってきた。

結果、文学史の年表に載っている全ての小説を読破した。

あの時のなんとも現しようのない感覚を、興奮を、今でも覚えている。以来、活字から離れられなくなった。

とはいえ、哀しいかなわたしに文才はなかったようで、小説家になることは叶わなかかった。しかし、活字を追う癖は今現在も変わらず、バッグの中にはボールペン、シャープペン、替え芯は必需品だ。

言葉は難しい。言葉はリスクが高過ぎる。

活字が好きだ。漢字にとてつもなく魅力を覚える。

そんな男の、偏った思考を持つ50歳のおっさんの、本書は殴り書き集である。

『おまえの代わりなんていくらだっている』……そこそこ生意気なタイトルである。

ただ、たとえばテレビドラマの主役のオファーを頂きました。素直に嬉しいです。ところが、クランクイン直前に週刊誌に不倫疑惑の記事が載ってしまいました。降板させられる可能性が出てきますが、いかんせんクランクイン直前です。今更代わりの主役を見つけることなんて不可能とおもわれます。では、作品自体がお蔵入りになってしまうのか？　主役を交替せずに撮影を強行するのか？

結論は至極明快です。代わりなんていくらだっているんです。多少知名度が落ちても、スキャンダルの臭いがない方がマシですから。

それが、今。

それが、21世紀。

なんだか知らないけど、役者あがりの50のおっさんがバラエティ番組に出まくってます。気がつけばMCの座に就き、昼の顔と呼ばれるようになり、ゴールデンタイムで冠番組まで持つように。

天狗にもなりたい気分です。だって有り得ないことなんだから。肩で風を切ってテレビ局の廊下を歩いたら、なんて気持ち良いだろう。

でも、ね。『わたしの代わりなんていくらだっている』んですよ。謙虚振ってるわけでもなんでもなく、それが事実なんです。

なので、猫背で廊下の端を歩いています。挨拶をされる前に、こちらから頭を下げるようにしています。だって、『わたしの代わりなんていくらだっている』んだから……。

ただ、ね。礼儀だけは死んでも外しませんが、だからこそ言いたいことは言わせて頂いてるんです。『わたしの代わりなんていくらだっている』からこそ。

善くも悪くも、『わたしの代わりなんていなさそう』とおもってもらいたいから。結果はどうあれ、おもわせる努力を惜しんではいけないから……。

仕事は、覚悟だけです。知恵は覚悟があって初めて生かされるモノ。覚悟がなければ宝の持ち腐れ。

腐らしちゃあ、ね。もったいないですから。

好きに読んでちょうだいな。好き勝手に書いてるんだから批判もあって当然です。甘んじて受け入れる隙間は、50にもなればあって然るべき。

わたしの寝言、戯言、時代錯誤の遠吠えを肴に、一杯やってくだされば幸いです。

坂上　忍

おまえの代わりなんていくらだっている――覚悟の仕事論◆目次

第1章　覚悟があれば叩かれても怖くない——仕事について

正解がないのが仕事――だからこそ、必要なのは覚悟

なにかとお騒がせな芸能界だが、昨年、特筆すべきだったのは、数ヵ月で3人の口から引退宣言が発せられたことである。

薬物疑惑で引退宣言、不倫疑惑で引退を発表、出家するので引退を決意。まぁ、こちらさんの場合は翌日に「引退ではない」との訂正がなされたが……。

見方によっては安易とも受け取られかねない引退宣言を、わざわざ批判するつもりは毛頭ありません。ただ、芸能生活47年という、無駄に芸歴だけは長いわたしの目には、つくづく「時代は変わったな～」と映ってならない。

仕事って、上手くいかないことがほとんど

そりゃあ嫌なこともたくさんありますよ。一見華やかに見えたって、あくまでもそれは表向きの話であって、特に役者の仕事なんて地味以外のなにものでもありませんから。バラエティ界にしてもそうです。良いおもいと嫌なおもいを比べれば、ほとんどのタレントさんが嫌なおもい↓傷つく場面の方が多いと仰ることでしょう。

ですが芸能界に限らず、そもそも仕事ってそういうものだとおもうのです。だって上手くいかないことの方がほとんどですから。

しかも我々の仕事は正解があるようで、実は明確な答えは存在しない世界。ドツボに嵌ったらなかなか抜け出せず、「アレでよかったのか？」「アレは間違いじゃなかったのか？」の繰り返し。３ヵ月に一度は脳味噌がパンクしそうな発作に見舞われ、それではいけないと心のバランスを取り戻す為に四苦八苦する。

ですが、それは我々の業界に限ったことではありません。辛いことも多いけれど、逆にやりがいという意味では相当恵まれているといっていいでしょう。

要はそこなんですよね。我々のお仕事はやりがいが持てる仕事だとおもうんです。実はわたしにとってはそれが全てでして、せっかくやりがいが持てる仕事に就けているんだから、しんどいこともあるけど、納得がいかないことだらけだけど、なんとかかんとか気持ちを強く持って手塩にかけた娯楽という商品をお客様にお届けしたい……と。

間違いを犯したら、叩かれればいい

で、もっとぶっちゃけたことを言いますとね、覚悟さえ決めてしまえばこんなに居心地のいい世界もないんですよ。

たとえばわたしの場合、世間様からなんとおもわれようと、自分の言いたいことを言い切る。そう覚悟を決めてしまえばこんなに気持ちのいいことはない。だって言いたいことがあったってなかなか口に出せないのが今の世の中なんですから。もちろん多大なるリスクは伴います。言いたいことといっても選別は大事です。慎重なる言葉の選択は必須条件。とはいえ人間のやることですから完璧なんてあり得ない。失敗は付き物なわけです。

だからこそ覚悟なんです。失敗を犯してしまった時の覚悟さえ持っていれば恐れることはなにもない。自分で責任を取ればいいわけですから。

その責任の取り方が謹慎なのか干されることなのかはわかりませんが、間違いを犯したらペナルティを科せられるのは当たり前のことですしね。

だからね、余計に引退という選択がわからないんです。というか哀しい。引退ではないだろと、引退ってなんだよと。

もちろん事情があってのことなんでしょうが、わたしは納得できないし、したくない。いくら叩かれたっていいじゃないですか。叩かれに行きましょうよ。で、仕事を楽しみましょうよ。

全ての人に好かれようとは思わない

とあるスタジオの喫煙スペースで、おそらくなにかの番組のスタッフさんとおもわれる若者に、「坂上さんは、若い人達に好かれようとはおもわないんですか？」と、唐突に尋ねられた。

あまりに予期せぬタイミングだったので、「え、なんで？」と、質問に対して質問で返すという失礼をしてしまったのだが、「テレビを拝見していると、要所要所で若い連中を突き放すような発言をされているので、すげぇなっていうのと同時に、大丈夫なのかなっておもいまして」、と若者。

ふむふむ、なるほどね。ようやく冷静さを取り戻したわたしは、遅ればせながら脳味噌を始動させることができた。

若者に迎合はしない

確かに彼の言う通り、わたしは確信犯的に40歳を機に若い人達に迎合するのを止めた。だって面倒臭いんだもん。今時の若者は叱っただけですぐに辞めてしまうから、叱るではなく、遠回しに注意、指導するべき……なんて芸当はわたしにはできませんし、だったら辞めてもらってけっこうだし、代わりなんていくらだっているし。

たとえばこちらから飲みに誘ったとして、断られたとしてもなんともおもいません。でも、3回に1度は付き合えよと。4回連続で断りやがったら、手前ぇなんて2度と誘わねぇからな。断り方によっちゃあ2度と仕事も回さねぇからな！　って、ダメですか？

悔しかったらわたしを雇えるぐらいになってください。お金に困っていたら嫌でも引き受けさせて頂きますから。で、その時にあなたが創り上げたルールや常識を教えてください。そして、「坂上さんの考えは古いんですよ」と、仕事の席でわたしに思い知らせてください。

極端に聴こえるかもしれないが、ほぼほぼ今時の若者に対して、わたしはこのような考えの下に接していることは間違いないのである。

判断材料は結局、能力や人柄

とはいえ、全ての若者を否定しているということではなく、基本年齢は関係ないので、若かろうがデキる奴はデキるし、歳を重ねていてもデキない奴はデキないので、年齢を重視しながらも、能力や人柄で判別しているのだとおもわれる。

そっか、ふむふむ……。わたしに唐突に質問を投げ掛けてきた若手スタッフに、より興味が湧いてきたので、「全ての人に好かれるのは限界があるからね。あえて嫌われに行っているつもりはないけど、無理して好かれようとはしていないのかもね」と返すと、「そうなんですか」と、若者。

すると数秒空けてから、「でも、やっぱ凄いっすよ。だって、ネットで毎回お題を変えて、上司にしたい芸能人、したくない芸能人。説教をしてもらいたい芸能人、してもらいたくない芸能人とかって、ランキングで紹介する番組があるんですけど、どんなお題でも毎回坂上さんはランクインしてるんですよ。で、ネットですからアンケートも若い連中が対象になってるはずなんで、ってことは、坂上さんはなにをやっても若い連中の癇に障ってるってことじゃないですか。それって凄くないですか？」。

え、ソレどういうこと？　微妙に動揺するわたし。動揺ついでに、「ちなみに、やっぱり上司にしたい方じゃなくて、したくない方でのランクインなんだろうね」と尋ねると、

「あったりまえじゃないですか。バリバリしたくない方っすよ。ダントツっすよ！」と若手スタッフ。

大丈夫ですよ。わたしはブレませんから、ブ、ブレませんから……。

「慣れ」は大敵。自分を疑い、準備を怠らない

準備不足の男が理解不能なのである。いや、許せないのである。

わたしの移動手段は、連日の生放送の番組に向かう際はハイヤーにお願いし、それ以外は事務所の車で移動している。運転は9割方現場マネージャーが務めており、残りの1割は現場マネージャーを休ませる為、見習い君にお願いしているのである。

で、見習い君担当の日のこと。生放送を終え後部席に乗り込むと、腰を下ろした途端に空気の違いを感じた。なんというか、見習い君の後頭部辺りから慣れの臭いを嗅ぎ取ってしまったというか、車内が必要以上にリラックスした空気に満ちていたのだ。

リラックスと慣れは微妙に違う

別に悪いことではない。過剰に緊張した状態でハンドルを握るより、自然体に近い精神状態で運転をしてくれた方が乗る側としても安心というもの。しかし、リラックスと慣れは微妙に違うとわたしは考える。で、直感的に嫌な予感がしてしまったのよね。わたしの嫌な予感ってけっこうな確率で当たってしまうのです。

高速道路に乗りました。降り口まではものの10分足らずです。わたしはパソコンのキーを叩きに叩いて原稿書きに勤しんでおりました。すると、なんの気なしにパソコン画面の右下に刻まれた時計に目をやると、15分を過ぎているじゃありませんか。見習い君の後頭部に目線を移します。心なしか硬直しているように映りました。わたしは見習い君に問いかけます。

「なんか、言いたいことがあるんじゃないのか？　伝えるべきことがあるんじゃないのか？」

見習い君はか細い声で言いました。「すみません、通り過ぎてしまいました」

いいんです、誰にだって間違いはあるんですから。自ら過ちを告白しなかったことも、今回は百歩譲って許しましょう。ですが、わたしが車に乗った際に感じた慣れの空気だけは許しません！

わたしが我社の全スタッフに口を酸っぱくして言い続けていることは、「慣れるな！」ですから。ノウハウを覚えることは大切です。というか当たり前です。でも車の運転と同じで、慣れた頃が一番危ないんだと強く自身に言い聞かせないといけません。

「慣れない」ために必要なこと

では、慣れないように努めるにはなにをどうすればいいのか？　準備をすればいいんです。車を運転するのであれば、「今の時間帯は渋滞してないから」と勝手に決めつけて胡坐（あぐら）をかくのではなく、どんな状況下であれ渋滞情報のチェックをルーティーン化する。チェックすれば必然的に降り口も目にすることになります。ということは、降り口の地名が改めて脳裏に刻まれるわけです。

次の現場への入り時間も、すでにチェックしてあったとしてもダブル・チェックしましょう。目にするだけでいいんです。何度も目にすることによってわたしから突然訊かれても、迷わず答えることができますから。1にチェック2にチェック。34もチェックで5もチェック！

まぁ、そこまでする必要はないんですけどね。それぐらいの心構え、気構えで仕事に向き合えと。運転を単純な作業と決めつけるなと。過信するなと。自分を信じる、ではなく疑えと……わたしは言いたいのです！

偉そうなことをほざいておりますが、わたしももれなく慣れたがる人間のひとりでございます。ですが、みっともなく映りたくはないので、なんとか慣れないよう、日々足掻いているのでございます。

好きであること、しつこいこと――それが結果を得る方法

わたしがプロデュースをさせて頂いているキッズアクターズ・スクール「アヴァンセ」も、まる9年を迎える。

おかげ様でなんとか軌道に乗り、2年ほど前にわたしは取締役から外れ、今ではプロデュース業に専念させて頂いている身。

起(た)ち上げ当初、「子供達を相手にする以上、絶対に会社を潰してはいけない」を合言葉に、スタッフのみなさんにはかなりの無理を強いてしまいました。

且つ、5年ほどでそこそこ軌道に乗せ、タイミングを見計らってわたしが経営から身を引くことも当初から予定していたことでして。ということは子役を育てるだけでなく、スタッフ＝後継者を同時進行で育てなくてはならず、身体も脳味噌もパンパンな状態でしたね。

ですが、予定よりも1年ほど時間が掛かってしまいましたが、晴れて2年前、取締役からわたしの名前を外すことができた次第。

その時は、なんか嬉しかったな〜。少し肩の荷が降りたといいますか、お芝居を伝えることだけに専念できますからね。

決して容姿に恵まれなくても

おそらくこちらのスクールだけは、わたしが芸能界から身を引いたとしても続けていくのだとおもいます。

いや、わたしが首になることも充分ありえるな。首にならない限り続けていくのだとおもいます……にしておきましょう。

子供達も相変わらず頑張っております。先日も、自宅でなんとな〜くテレビを観ていたら、CMにウチの子が出ておりまして、トップアイドルの方と堂々と踊っているじゃありませんか。

それだけでも嬉しい&有難いのに、その子が個人的にも想い入れのある子でして。何故かというと決して容姿が恵まれた子ではないんです。で、それをその子自身も親御さんもどこかで自覚しており。でも、芝居が好きで好きでたまらないという子なのです。ね、聴いただけで応援したくなっちゃうでしょ。

とはいえ子役の世界も甘くないですから、オーデションに行ってもなかなか受かりません。芝居は巧いんです。だからいい所まではいくんですが……なかなか決まらない。なのに彼女は諦めないんですよ。レッスンでも常に前向きで、とにかくしつこい。納得がいかないと露骨に顔に出る。納得するととんでもなく生き生きとする。

迷ったら自分の原点を思いだす

わたしは勝手に、これが子役の在り方だとおもっています。大人びた子供が子役ではない。大人が扱いやすい子供が天才子役ではない。そして、大人の役者だろうが子役だろうが、芝居が好きでしつこいヤツが最終的には結果を得る。

まぁ、最後の一文はだいぶ理想が込められているんですがね。でも、彼女はそんなわたしの勝手な理想論を証明してくれたと言っても過言ではないわけです。

やりたいことをなかなか見つけられない若い子が増えていると聴きます。今時の若者はちょっと叱っただけですぐに会社を辞めてしまうとも耳にします。

でも、50にもなったわたしでさえ、未だにふと考える時があるのです。「俺ってほんとに芝居が好きなのかな？」って。

そんな時、わたしは子供達の顔を思い浮かべます。芝居が好きで好きでたまらないあの顔を。

だって一気に恥ずかしくなるから。っていうかいい歳こいて「好き」とか「嫌い」とか言ってる場合じゃねぇだろっておもえるから。生きてくつもりなら働けよってね。「好きなのかも」程度でいい。それで飯が食えるなら有難い。でしょ？

マネージャーの判断は無下にしない

ルール違反をされることが嫌いなのである。スジ違いの事と言ってもいいだろう。

とあるレギュラー番組の収録の前に、別番組の特番の打合せを楽屋で行った時のこと。

初めてお仕事をする制作会社でありスタッフさん達だったので、一人ずつキチンと紹介を済ませると、ようやく本題へ。

ところがである。「本題へ入る前に、ご確認をさせて頂きたいのですが……」とディレクターさん。若干物言いがおかしかったので嫌な予感はしたのだが、とりあえず聴いてみようとおもい黙っていると、ことごとく事前にマネージャーさんが断っていた案件をわたしにぶつけてきたのである。要するに直談判ということ。

なぜ事前にマネージャーが打合せをするのか

丁寧に経緯を説明すると、ほとんどの番組はわたしとの打合せ以前に、わたしのマネージャーさんとの擦り合わせ作業を行う。わたしができる事、できない事等の確認作業である。で、そこで折り合いがついたからこそのわたしを含めての打合せとなるのだが、稀に約束を破って直談判に打って出る方達がいるのだ。

そりゃあね、わたしは個人事務所ですから、たとえマネージャーさんがＮＧを出したとしても、わたしが「いいですよ」と言ってしまえばＯＫとなる場合もあります。

ですが、その場合はそれまでにそれ相応のお付き合いがあり、幾つかの仕事を通して信頼関係が築けた相手に限り、のパターンです。

そしてもうひとつは、マネージャーさんはスケジュールを調整するだけでなく、わたしを身近で守ってくれる唯一の存在なのです。そのマネージャーさんが打合せを繰り返し、わたしが気持ち良く働ける環境を作ってくださっているわけですから、その努力と労力を無下にすることなど到底できません。

よって、直接ディレクターさんなりと打合せをする場合は、わたしからマネージャーさんに、「あの番組だったら、あのプロデューサーさんだったら、あのディレクターさんだったら大丈夫だよ」と、事前に伝えてあるのです。

濃い関係だからこそ相手に従える

そりゃそうでしょ、じゃないとキリがないから。わたし達はたとえ大手の事務所に所属していようと所詮個人事業主ですから、自分の身は自分で守るしかないんです。でも、ひとりで身を守るには限界がある。そんな時に手を貸してくださるのがマネージャーさんであり、時に矢面に立って壁となってくれるのが彼等、彼女達なんです。

ね、無下になんかできるはずがないでしょ。

とはいえわたしも50のおっさんですから、マネージャーさんにおんぶに抱っこという事はありません。

でも、ほとんどの最終判断はわたしが下していたとしても、たとえばわたしとマネージャーさんとで意見が分かれたとして、普通だったらわたしの考えに従って頂くところなのですが、マネージャーさんの喋り方や表情を見て、わたしが従う場合もあります。

ちなみにそのような判断を下す際の基準は一切ありません。わたしの事を考え、身を粉にして働いてくださる方に従う場面があったっていいし、あるべきだとおもっているだけです。で、結果ハズレたとしてもその責任はわたしが負えばいいわけですから。

役者とマネージャー、タレントとマネージャーは、本来それぐらい濃い関係にあるべきだと、わたしは今でも確信しています。

どんなに時代が変わろうと、です。

子供と接する時には怖れも併せ持つ

週末は、わたしがプロデュースしているキッズアクターズ・スクールのレッスンにべったりだった。

下は3歳から上は中学生まで。中学生時に入校すると高校生になっても在籍可能というシステムなので、正確には高校生が上限となる。

その中に、ひときわ背の高い男の子がいた。入校して2年余りの高校1年生の生徒さんなのだが、訊くと183センチになったと言う。

マジっすか。いくら成長期とはいえ、そこまでのスピードで育ちますか。

上の子の成長速度には驚かされっぱなしだが、下の子達も負けてはいない。3～5歳は会話力に大きく差が出る年齢層。喋りが達者な子もいれば、少々心配になるぐらい遅い子もいたりする。

子供はちょっとしたことで激変する

ですが、ほんとうにひとつのキッカケなんですよね。ふとした、ちょっとしたキッカケで激変するのがこの時期だったりするのです。

クラスにめちゃめちゃ仲が良いお友達ができた。台詞をトチったら逆にウケてしまい、気がつけば恥ずかしさがなくなっていた。わたしがテレビに出ているおじさんだと、今更ながら気づいた。

等々、なにが変化のキッカケになるかわからない。だから面白くて大変なのよね。

こんな女の子もいました。学校では演劇部の部長を務め、演技力にはかなり自信を持っている。しかし、わたしには自信が態度に出過ぎてしまっているところを注意される。「自信を持つのは大事なことだが、間違った形で出過ぎてしまうと損をするだけだ」と。「自信があり過ぎるのと芝居が好きなのとは違うのだ」と……。

すると彼女は、誰よりも芝居を好きになろうと努力しました。そして先日、久しぶりに彼女と話をしたのです。わたしはなにを彼女に伝えたかというと、「そこまで芝居を好きになる必要はない」……でした。

彼女はキョトンとしていました。そりゃあそうですよね、わたしに言われた通りに、自信を持つから好きになるにシフトチェンジしたわけですから。「今更なに言ってんだよこの爺ぃ！」って話ですから。

自分らしさを失わせないために

でもね、なかなか説明するのは難しいのですが、自信を持ったら持ったで、持ち過ぎる感が出てしまう子の場合、言葉遊びのように聴こえてしまうかもしれませんが、自信を持つから好きになるに変えてみなさいと指導します。で、言われた通りに変えてみたら、今度は「わたしはこんなにお芝居が好きなんです。誰よりもお芝居のことを考え、お芝居を愛する気持ちなら誰にも負けません！」となってしまう。

これでは結局同じことなんです。要はどっちに転んでも不自然感が出てしまう。向上心や競争心は悪いことではありませんが、年相応の子供らしさがなくなってしまっては元も子もないわけです。

付け加えるならば、過剰な向上心が表面に出てハマる子もいれば、逆に損をしてしまう子もいるということ。

つくづく難しいですよね。なにが正解なのか、正直わたしにもわかりません。いや、答えを持っている人などいないとおもいます。

ただ、わたしの理想とするところは自分らしさだけは失って欲しくないということ。じゃないと、いつか苦しくなるから。それだけはわかっているから。

今時の子供って凄いんですよ。でも凄いからこそ、凄いことを褒めるだけでなく、我々大人が怖がらないといけないのかなって、ね。

気を利かせたつもりの若者には憤る

今時の若者にイラつくのである。今時の若人達に歯痒さを覚えるのである。

こんな男の子がいた。年の頃は20代前半で、とある番組のAD君である。ロケの移動中に女性タレントさんが恥ずかしげにトイレ休憩をお願いした。では、近くのコンビニに寄りましょうということになり、5分ほど走った先で見つかったのだが、ドライバーさんが駐車をしようとハンドルを切ったその時である。問題のAD君がか細い声で言ったのだった。「あと10分ほど先のコンビニの方が、大きくてトイレも綺麗ですよ」と……。

ロケバスの車内が一瞬静寂に包まれた。するとディレクターさんが戸惑いながら女性タレントさんに、「我慢できますか？」と訊くと、「は、はい」と彼女は頷いた。いや、頷かざるをえなかったのだとおもう。

何故そのタイミングで言う！

っていうかね、わたしが問題視したいのは、何故そのタイミングで中途半端に気の利いた情報を流さなければいけなかったかって事なんですよ。女性タレントさんが「トイレに行きたい」と言った時点で堂々と言えばいいだけの話でしょ。確かに言いそびれたのかもしれません。道中も悶々としてたんでしょう。言うべきか？　言わざるべきか？

でもね、ロケバスはすでにコンビニに着いていたわけです。なのに何故そのタイミングでってね。

正直、ディレクターさんにも多少イラつきましたよ。この期に及んで「我慢できますか？」なんて訊き直してどうすんだよって。

やっぱり優先順位ってあるとおもうんです。なにより大事なのはロケをスケジュール通りに進めること。でも生理現象は仕方ない。となると次に優先しなければならないのは排尿でしょ。綺麗だろうが汚かろうが溜まったモンを出せばいいんですよ。そもそも日本のコンビニなんてどこも綺麗なんだから。

まぁ、百歩譲ってより綺麗なトイレをとAD君なりに気を利かせたのかもしれませんが、いやいや、だとしてもこのタイミングでの発言は無しだとわたしは言い切りたい。

間の悪さと身勝手さ

例えるならば、「ぼく、実は浮気をしてしまいました。彼女にずっと申し訳ない気持ちでいました。悩んで悩んで、悩んだ末にやっぱり打ち明けるべきだとおもい勇気を奮って告白しました。すると彼女も、実はわたしも伝えたいことがあったのと眉間に皺を寄せながら言いました。なに?と訊くと、わたし妊娠してるのと。あなたの子供をお腹に宿しているのと。だから余計に、何故このタイミングであなたが浮気を告白し出したのかわからないのと憤りました。あなたが欲望に負けて勝手にしてしまった浮気を、あなた自身が隠していることに耐えられないからといって勝手に打ち明けられても、たしかにあなたは多少楽になるかもしれないけど、わたしには苦しみしか残らないって事がどうしてわからないの!と、彼女は激高しました」。

果たして例えになっているのかどうか疑わしいところですが、わたしはそれぐらいの間の悪さと身勝手さをＡＤ君に感じてしまったのです。

ついでなんで、ＡＤ君の言い訳の続きをわたしの勝手な想像で綴らせて頂きます。

「でも、ぼくには今イチわからないんです。何故あそこまで彼女は激高しなければならなかったのか。だってぼくは妊娠の事なんて聞いてもいませんでしたから」

どうかひとつ、この想像がハズレていますように……。

叱る怖さを知る

先日、スーパーに買い物に行った。わたしはスーパーが大好きなのである。なんかワクワクするのよね。

お肉のコーナーで牛すじを見つけると一気にテンションが上がりました。鶏チャーシューを作りたかったので鶏腿肉も買い、カップラーメンも数個購入。お豆腐、納豆、油揚げ、しらす、牛乳等々を籠に詰め込むと、いざレジへ。

すると、会計を済ませ袋詰めをしている親子連れが目に入りました。いや、入らざるをえなかった。だって男の子が泣いていたから。どうやら、言うことをきかない息子に若いお母さんが癇癪を起こしたようでして、よく目にする光景ではあるのですが、お母さんの言葉遣いが頂けなかった。

「冗談じゃないよ！　何回同じこと言ったらわかるの？　あんた馬鹿なんでしょ。学習能力って言葉知ってる？　なんの為に学校に行かせてるとおもってんの？　しんどいよ。あんたといるとしんどいのよ！」

〝心の叫び〟はぶつけない

大前提として、お母さんの気持ちはわかるんです。子育てはほんとうに大変ですから。特に年頃の男の子は、わたしがどうしようもない我儘坊主だったのでよくわかります。

腹も立ちますよ。言葉をぶつけたくなるのも当然です。人前では控え目に、なんて常識人振ったことなど申すつもりもございません。

けどね、わたしが引っ掛かったのは最後の言葉でして、さすがに「しんどい」はこたえるかなって。「あんたといるとしんどいのよ」は、子供じゃ受け止め切れないだろうっておもってしまったんですよ。折檻の域を超えてましたから。お母さんの心の叫びになっちゃってましたから。

お母さんは「しんどい」という言葉を繰り返しながら、乱暴にカップ型のアイスクリームを袋に詰め込んでいました。力が入り過ぎて蓋からアイスがハミ出しておりました。

男の子はというと、全力で泣いたあまり声はガラガラで、ほとんど呼吸困難の状態。立っているのもやっとのようで、膝がワナワナと震えておりました。

ふと、子供の頃を思い出しました。西荻窪駅のホームで人目も憚らず母親に激しく怒られた時のことを。

悔しかった。恥ずかしかった。逃げ出したかった。でも逃げ出せなかった。逃げる方が怖かったから。一人で生きていけるなんておもってもいなかったから。よくよく考えたらわたしの方が悪かったから。

叱ることは伝えること

続け様に、わたしが我家のワンちゃんを叱りつける姿が脳裏を過りました。

粗相をしたワンちゃんを捕まえ、激しく叱責するわたし。悪いことをしたら叱らないと伝わらない。手加減しては伝わるものも伝わらない。彼等の純真無垢な瞳に惑わされてはいけない。人間と共生するには最低限のルールというものが必要なのである。叱るべき時にしっかりと叱っておけば、結果、無駄に叱る回数は減るのだから……。

わたしは〝褒めて育てる〟には声を大にして反対である。間違ったことをした際は、叱ろうが諭そうが伝えなくてはならないと考える。

しかし叱るのは、伝えるのはかくも難しい作業である。何故ならば、そこに自身の感情が、時に過剰に込められてしまう場合があるからだ。

気がつくと、男の子と目が合っていた。男の子は泣き腫らした瞳で真っ直ぐにわたしを見ていた。

強くなってください。負けないでください。叱られながら自分の善悪を探してください。そしていつの日か、叱る怖さを知ってください。

幾つになってもひたむきな姿勢を忘れない

インタビューされるのが苦手なのである。合わせてスチール写真撮影も苦手なので、取材となるとダブルで苦手ということになってしまうのだ。

ただ、注釈を付けるならばどちらも相手次第であって、１００％拒絶しているわけではない。

最近もこんなことがあった。わたしが書籍を出版するにあたり取材をしてくださると、有難い話である。

ホテルの一室でインタビュアーの方とご対面。時間も限られているので早速ボイスレコーダーのスイッチが入れられ取材開始。

で、そのインタビュアーさんが凄かった。なにが凄いって初っ端のひと言が、「さきほど坂上さんの新書をなんとなく読ませて頂きました」ときたもんだ。

あはははっ。あ〜はははははっ！

そうですか、なんとなく読まれたんですね。では、こちらも何を訊かれてもなんとなくでしか答えられませんよね！

最低限の礼儀を守る

言い方ってあるでしょ。確かに時間がなくてなんとなくしか読めなかったのかもしれません。でも、いい歳こいたおっさんがなんとなくを正直に言ってどうすんだって！

取材を受ける際のわたしの判断基準は至ってシンプル。ほんとうに訊きたい気持ちがあるかどうか、その一点である。但し、訊きたい気持ちを沸き上がらせる為には最低限、取材対象となる人物を知ろうとする準備作業が必要となるわけで、今回の場合は当然、新書をある程度読んでおくということになります。誰がなんと言おうとこれが最低限の礼儀であり準備作業なわけです。

それをなんとなくってね。なんとなくの礼儀なんてないんですよ。なんとなくの挨拶は挨拶のうちに入らないってわたしは口を酸っぱくして言っているんです！

だいたい訊きたい欲があるかないか、ちゃんとしてる人なのか、いい加減な奴なのかなんて最初のひと言でわかっちゃうもんなんだから。だから出だしが肝心なんだから。案の定、質問を重ねてもなにを訊きたいのか今イチ摑めず。わたしがいくら質問に答えても、そこから話を膨らませるというインタビュアーの本分である作業も施さず。となるとさすがにこちらとしてもお手上げ状態なので、質問されては早口で端的に答えての繰り返しで、時間内に済ませとっとと帰ってきました。

テクニックじゃない。一生懸命な気持ち

要はね、テクニックでもなんでもないんですよ。気持ちです気持ち。本音だったり初出しのコメントを引き出すには、まずは相手にインタビューをする側の熱を感じさせないと。それが一番手っ取り早いんだから。経験不足であろうが一生懸命な人だったら、誰だって手を貸したくなるじゃないですか。それと同じことです。

ということは、どれだけ経験があろうが、それこそ初心を忘れてしまい、なにかに胡坐をかいてしまっている輩は、本人的には仕事ができているつもりでも、それはつもり

でしかない。

まぁ、人の振り見て我が振り直せってことですな。

ただ、世の中上手くできているもので、スチールカメラマンさんが素敵な方でした。わたしは写真（静止画）がマジで苦手なんですが、一生懸命わたしの気持ちをほぐそうと話しかけてくださり、作り笑いではなく自然な笑顔を引き出してくださいました。若い女性のカメラマンさんだったんですが、まさに救いの女神さんでしたね。

見習うべきは幾つになってもひたむきな姿勢。肝に銘じます！

第2章　批判がイヤなら不倫はするな――世相について

世の中をそんなに綺麗にしてどうするの？

放送倫理が声高に問われるご時世になって、どれぐらいの年月が経ったのだろうか。テレビに出させて頂く身としては、巧いところで折り合いをつけてくれたらな〜と期待していたのだが、折り合うどころか年々厳しくなっている印象である。

刑事物のドラマで犯人を車で追い掛ける際、シートベルトをキチンと締めてから車を発進させるという、刑事物には必要不可欠な緊張感をあえて削ぐようなルールを強制されたことに始まり、八百屋さんや魚屋さんの「〜屋」も差別用語だとか。「〜屋」と称する職業は安定した収入がなかったという歴史的背景があるからだと言う。ここまでくるとなにも言えませんね。脚本家の方々も大変だとおもいます。

ひと昔前までは2時間ドラマなどで無意味に入浴のシーンが設けられ、何故か裸の女性がやって来て混浴状態となっておっぱいポロリなんて当たり前のようにありましたし、水泳大会でも騎馬戦ではおっぱいポロリがお決まりでした。

べつにおっぱいに拘っているわけではないんですが、今となっては言語から視覚まで制限だらけなわけです。

綺麗好きなわたしも閉口します

バラエティ番組も然り、放送禁止用語や実名等はピー音で伏せるという手法をテレビマン達が開発したにもかかわらず、そのピー音すら自主規制でほとんど見られなくなりましたから。

わたしはかなりな綺麗好きですが、世の中をそんなに綺麗にしてどうするんだって話です。

危険なモノは排除する。危険と指摘されそうなモノは端から封印する。そんなに事なかれ主義を推進したいのか。教育上不適切だからとかぬかしますけど、綺麗なモノばっかり見せたら逆に教育に支障をきたすんじゃないの？　悪が存在しない世の中などあるはずがなく、悪があるから善が生まれるという見方もできるわけで、ドラマでもバラエティでも悪なしに善を描くことなどできるはずがないのです。

闇があって、光があるんでしょ

その昔、岩下志麻さん主演の『魔の刻(とき)』という映画がありました。当時18歳だったわたしの元に岩下さんからの指名でオファーを頂きました。嬉しかったのですが台本を読んで目が点になりました。何故なら近親相姦がテーマの作品だったからです。わたしの周りのスタッフさん達は反対しましたが、プロデューサーさんから話を聴くと岩下さん自らが持ち込んだ企画だそうで、18歳の小童(こわっぱ)ながら「すげぇな」と、「岩下さん格好いいな」と感銘を受け、二つ返事で快諾させて頂いた次第。

テレビドラマも映画もバラエティも、企画の根幹はなにげない日常の中から生まれているモノです。その日常の中には綺麗なモノもあれば汚らわしいモノもあります。人間の心の中にも光があれば闇もある。その闇は時代と共に微妙に変化していきます。夢や希望もそうです。その時代時代の闇を知ることによって、今のお客様はどんな光を求めているのか、希望を抱いているのかが見えてくるわけです。

言い換えるならば、あえて闇を見せることによって光を想起して頂くこともできる。だってそれが我々の本能だから。表と裏の片側ばかりを削り取って表現するのは自然じゃない。な〜んて生意気ながらおもってしまうのです。

まぁ、愚痴を言ってってもはじまりませんから、これからも汚れたおじさんとして、けど夢見るおじさんとして闘っていきますよ。

政治家さん達、言葉は諸刃の剣ですよ

日曜日の朝――テレビを点けると主要各党の政治家さん達が一堂に会して、加計学園問題について議論していた。『バイキング』でも取り上げている国民の関心事なので観てみようとおもったのですが、ものの15分足らずでテレビを消してしまった。理由はたったひとつ、とにかくうるさいのである。不快極まりないうるささなのである。

「喋ったもん勝ち」は見苦しい

自分の意見を言うのは構わないのです。だってそういう趣旨の番組なんだから。でもね、それ以前の問題として、まずは人の話を聴きなさいよと。

まだ話している途中なのに無理矢理割って入って、ああでもないこうでもないと持論をまくし立て、ひとしきり話し終えたら譲るのかとおもいきや、反論されるのが嫌だからわざと話を横道に逸らしたりして。そんなものはディベート力でもなんでもない。もう見苦しくて見苦しくて観ていられませんでした。

まぁ、それがあの方達の手法というのもわかっているんです。編集がきかない生放送ですから、まさに真剣勝負。それぞれが党を背負って出演されているわけで、損をしては顔向けができません。それでも限度ってものがあるとおもうんですよ。決定的にあの方達に欠けているのは、「喋ったもん勝ち」と勘違いしている自分がどのように見えているかを顧みる態度ではないかと。

要するにテレビの怖さを知らないといいますか、視聴者をナメているといいますかね。たしかにメディアに露出すれば選挙の際に有利に働くこともあるんでしょうから、必要以上に力が入るのもわからないでもない。ですが出方を間違えたら逆にマイナスになってしまうこともあるのがテレビなんです。

人の話の途中に割って入って激論を交わす場面があったっていい。けど、それを繰返したらどうなります？　ただのうるさいおじさんとおばさんにしか映りませんよ。生放送で時間が限られているとはいえ、大切なのは出し引きですから。一回出しゃばったら、たとえまだ言いたいことがあったとしても次は引いてみて、それではじめてバランスが取れるわけです。相手を論破したら勝ちではなく、大切なのは論破の仕方ではないかと。

勝ち過ぎはむしろマイナス

言葉は諸刃の剣です。そしてテレビは言葉だけではなく姿形、表情までを鮮明に映し出します。ということは、たとえば「馬鹿野郎」というキツめの言葉でも、表情次第で愛ある「馬鹿野郎」に聴かせることもできれば、半分冗談として伝えることもできる。しかし言葉に溺れてしまう人は、時として見え方や見せ方を忘れてしまいがち。

ギャンブルならばツイている時に勝てるだけ勝っておこうとおもうのは当たり前。しかし人とのやりとりに於いて、いくら自分が正しいとおもっても勝ち過ぎは賢い人間のやり方とは、わたしはおもいません。しかも政治家としてテレビに映っているとしたら尚更。

ものの15分足らずで、「あ、この人達はどうせ核心部分には触れず、どこか自分アピールに終始した見苦しい論戦を繰り広げるんだろうな」とチャンネルを変えられてしまっては、アピールどころかマイナスの印象しか残らないわけですから。

それにしても、毎年毎年、政治家さんの不祥事だったり不適切発言が目立ちますね。偉くなるって怖いなぁ。

でも、そもそも政治家が偉いっていう考え自体おかしいんですよ。彼等は先生でもなんでもない。我々もいい加減そこらへんを改めないと。ですよね？

だったらヤラなきゃいいでしょ、不倫！1

不倫の連鎖が止まらない。ふとおもう、既婚者の浮気が全て不倫と決めつけられるようになったのは、いつの頃からなのだろうと……。

あくまでも耳障りの差なんですが、浮気よりも不倫の方が断然聴こえは悪い。だって浮気は気持ちが浮ついた果ての行為という受け止め方ができますが、不倫となると倫理に反する行為になっちゃいますから。聴こえとしては、人として失格と言われているようなもんでしょ。

浮気と不倫の境界線ってどこにあるんですかね。浮気はあくまでも一時の快楽が目的であって、そこに心が入ってしまうと、心が本気になってしまうと不倫とみなされる。

いやいや、余計境界線が見えづらくなっちゃうな。

ただ、わたしが個人的に気になるのは、「不倫を叩き過ぎる風潮は如何なものか？」

という意見に対してなんです。

あなたたちは、騒がれたってしょうがないでしょ

もちろん、ここまでくるとついつい言いたくなる気持ちはわかります。「誰にだって不倫をしてしまう可能性はあるんだから」という声も、その通りでしょう。

でもね、公に騒がれているのは我々芸能人か政治家さんなんですよ。世間的にどれだけ不倫が蔓延しているのかは定かではありませんが、一般の方々にまで被害は及んでいないんです。

で、政治家は公人、我々芸能人は多少著名なことから準公人と位置付けるならば、「そりゃあ騒がれたってしょうがないでしょ」というのが、わたしの考えなんです。

理由はただひとつ、著名ならではの影響力ですかね。叩き過ぎを主張する方々も口を揃えて、「不倫は決して褒められたことではないが……」と前置きをしてから、マスコミの叩き過ぎる行為に警鐘を鳴らします。

いやいやいや、褒められたことではないんですよね。だったらヤラなきゃいいでしょ。

なにを言ってるんですか、人間は完璧な生き物ではないですから、間違いを起こす生き物と捉えるならば……。

仰る通りです。でも、だったらCMのお仕事を引き受けるのは辞めときましょ。CMというのは商品のイメージを一身に背負う仕事なわけで、プライベートは別なんて自分勝手な理屈は通用しませんから。

それについては、それこそあなたの言う通りだとおもいます。ですが、不倫行為を働くことを前提に結婚する人はまずいないでしょうし、その時々の精神状態や、偶発的な出会いを止めることはできないじゃないですか。

そのご意見は一般の方々には当て嵌まるかもしれませんが、そもそも我々の職業は善くも悪くもイメージ商売であることは明白で、そのイメージを守る、維持することでそこそこ高額なギャラを頂いているんじゃないですか？

CMに限って言えばそうかもしれませんが……。

バレて尚且つ嘘をつくってどういうこと？

あのね、そんなに不倫がしたければすればいいんですよ。ただ、ヤルんだったらバレないようにしないとね。でも、このご時世ほぼほぼバレますから。で、バレちゃったとして、その時は嘘をつくのはやめた方がいいです。余計叩かれるだけですから。「子供のことをおもうと本当のことは言えなかった」なんて、ただの言い訳でしかなく、自分を守る為であることは一目瞭然ですから。バレたら素直に謝る！　だって叩かれるのがわかっているにもかかわらず一時の欲望を優先して、尚且つ嘘をつくってね。ナメてるとしかいいようがないでしょ。

あの、この件、持ち越してもいいですか？

だったらヤラなきゃいいでしょ、不倫！2

前項に引き続き……政治家も芸能人も、不倫の連鎖が止まらない。それだけ週刊誌さん達が頑張っているということだとおもうのですが、それはさておき、「不倫行為を叩き過ぎるのは如何なものか？」というご意見に対し、わたしは疑問を覚えるのである。

要するに、今のご時世で不倫をしてしまうと過剰に叩かれることは誰もがわかっていることであり、わかっていながら一時の欲望に負けて一線を越えてしまうならば、「それなりの覚悟を持っていて当然でしょ」……というのが、シンプルなわたしの考えなんです。

一方で、人間は間違いを犯す生き物ということは理解しております。だってわたし自身が間違いだらけの人生なんだもん。だから不倫は否定しないんです。誰もが犯してしまう可能性は秘めているわけで……。

嘘をつけば二度叩かれるんですよ

でもね、だからこそ嘘はやめておいた方がいいですよってこと。そりゃそうでしょ、不倫したら叩かれちゃうんですよ。その上、自分の勝手な都合で嘘までついたら二度叩かれることになっちゃうんだから。自業自得以外の何物でもない。

CMを抱えているから、本当の事を言ってしまうと、降ろされるだけでなく違約金が発生してしまいかねないので言いたくても言えないんですよ。

あ〜そうですか。じゃあ、バレない嘘をつくしかないですね。バレない自信ありますか？　不用意に写メを撮ったりしていませんか？　バレない嘘をつけたとして、あなたの周りにバラそうとしている人はいませんか？　違約金と言いますが、嘘がバレた時の損失を考えたら違約金なんて安いもんじゃないんですか？　そんなところでギャンブルをしたとしても、見透かされて人として嘘つきのレッテルを貼られる方が精神的にもキツいんじゃないですか？

この際だからもうひとつお訊きしてもいいですか？　この期に及んで得をしようと考

えていませんか？　少しでも損失を軽減させようと企んでいませんか？

そもそも危険を承知で不倫をしたのはあなたなんです。その結果バレてしまったんです。簡単に言えば、その時点であなたは負けてしまったんです。にもかかわらず、違約金も払いたくない。離婚もしたくない。できうるならば、仕事も減らされたくない……は、ちょっと都合が良過ぎやしませんか？

ピンチの時ほど潔く

昔、先輩にこんな事を言われました。「この仕事を生業にするなら、ピンチの時ほどケチるな」と。

結婚しました。でも離婚せざるをえなくなりました。離婚するぐらいですから、相手さんに思い遣りもクソもない状態です。手切れ金なのか財産分与なのかわかりませんが、幾らか払った方が良さそうな空気です。

ちょっと待って！　その幾らかという発想自体が危険です。だってすでに計算しちゃってるから。ケチっちゃいけないって言ったでしょ。ケチるなということは、「計算すら放棄せよ」ということなんですよ。はい、全部あげちゃいましょう。大丈夫、死ぬ気で働けばいいんですから。

「口で言うのは簡単」とおもう方もいらっしゃるでしょうが、ピンチの時ほど丼勘定。ピンチの時ほど潔く。それぐらいの方がいいと、わたしはおもうんですけどね。

ここまで書いたら、わたしが不倫をした時は有言実行しないとマズいですね。で、総スカンを食らったらキチンと干されましょう。自力で得た長期休暇ですよ。楽しまないと損でしょ。

悪い噂ほど自分の眼で確かめる

わたしは噂というものを信じないようにしている。それは、我々の業界はなにかと不確かな噂が出回る傾向にあり、妙な先入観を持たないようにする為でもある。

たとえばドラマ出演のオファーがあった際、「主役は誰々さんなんですが、大丈夫ですか？」とプロデューサーさんに訊かれることが稀にある。意味がわからず訊き直すと、「誰々さんはこういった噂がありますよね」と……。

そんな時、へそ曲がりのわたしはあえてお引き受けすることにしている。だって確かめてみたいから。噂通りの問題児なのか？　否か？

8割方はあらぬ噂

あくまでもわたし個人の統計だが、8割方はあらぬ噂とおもえる。そりゃあそうですよ、だって芝居は集団作業ですから、ひとりの我儘がまかり通ったら破綻は目に見えていますからね。

とはいえ、2割はほんとうと言いますか、噂通りの方もいらっしゃるわけです。もしかしたら、悪事千里を走るという諺は、こういったところから生まれたのかもしれません。

では、わたしはどんな噂が出回ってるんでしょうね。わたしも人間ですから、気になるところではあります。

先日も、こんな面白い話を耳にしたばかり……。

とある番組でお世話になっているプロデューサーさんから、「坂上さんの有り得ない噂を耳にしました」と……。

企画会議で「坂上さんに温泉に行って頂こう」と提案をしたところ、構成作家の方が、「それはマズいですよ」と言ったとか。「何故ですか？」と訊くと、「坂上さんはけっこうな刺青を背中に背負っていて、裸はNGなんです」と……。

ちなみにプロデューサーさんとは温泉に入った仲でして、わたしの背中にお絵描きがされていないことは当然知っております。プロデューサーさんは驚いて、「そんな噂が出回ってるんですか？」と訊くと、「有名な話ですよ」と……。

面白いでしょ〜。笑っちゃうでしょ〜。ただ、噂の出所はなんとなく予想がつきました。

あえてNGを作ってみた結果

実はわたしがバラエティ番組に出始めた頃、このままではなんでもやらされるハメになるかもしれないと、マネージャーさんと話し合ったことがありました。結果、「なんでもいいからひとつぐらいNGでも作ってみるか」と、そこで選んだのがお風呂→温泉→裸だったのです。

そりゃあね、50のおっさんのタポタポの裸を晒したところで、お茶の間を不快にさせてしまうだけですから。想像するに、その裸NGが巡り巡って刺青に行き着いてしまったのかなと……。

今イチ信じ難い経緯とおもう方もいらっしゃるかもしれませんが、所詮噂などというものは、そういった無責任さから生まれた負の産物なのかなという気がしないでもない。背中一面の刺青ですか。刺青背負って子役スクールのプロデュース。柄はなんなんですかね。昇り竜？ 今時ならドクロ？ ドクロの刺青入れてお昼の帯番組の司会……。もしかしたらソレも有りなのかもしれませんが、実際なんもないいんですよ。だって痛いの嫌いだし。

とのことから、わたしは噂などというものは信じないようにしています。観てもいないのに評論家の映画評を真に受けて批判するようなものですから。

悪い噂ほど自分の眼で確かめてみましょう。その上での自身の意見なら、な～んも問題ありませんから。

どんなに肩身が狭くとも煙草は辞めない

喫煙者にとって、これ以上肩身の狭い世の中になってもらっては困るのである。それでなくても隅っこに追いやられているわけで、ほとんど壁際なわけで。とりあえず壁があるから崖下に落ちずに済んでいるものの、壁が崩壊したら死ぬしかない状況なんですよ。

アイコスも試してみました。JTさんのもチャレンジしてみました。でもね、煙草のようで煙草じゃない。煙草っぽい感じがしないわけではないが、哀しいかな、〝っぽい〟レベルなんですよ。

この先どうなっていくんだろう。飲食店でも全面禁止になってしまうのか？　いよいよ煙草の値段が1000円を超える日が来るのか？

小籔千豊もとうとう禁煙してお腹がぽっこり出てきたもんな。ヒロミさんも完全に電子煙草に切り替えたみたいだし、ケンコバは二刀流だが電子煙草派になるのも時間の問題のような気がする。

吸い始めたキッカケ

そもそも、わたしは何故そこまで煙草に拘っているのだろうか？　執着しているのであろうか？

煙草を吸い始めたキッカケはなんとなく格好いいとおもったからである。煙草を吸っている人がわかりやすく大人に映った。早く大人になりたかった。

一番はじめに吸ったのは親父のシケモクだ。親父の目を盗んで吸ってみた。クソ不味かった。煙を肺に入れることなど到底できなかった。

しかし、学校へ行くと同級生がやすやすと肺に流し込んで吸っているではないか。負けたとおもった。隠れて練習をした。

なんとか煙を肺に入れられるようになると、今度は持ち方を研究した。通常は人差し指と中指の間に挟むのだが、人差し指と親指で抓むように吸う人もいれば、我々の頃に流行ったのは中指と薬指で挟んで吸うスタイルだ。ただ、こちらは力を入れて煙草を挟むことができないのでポトンポトンと落としてしまい、流行らせた輩は相当無理をして格好をつけていたことが判明し、真似をするのをやめた。

では、煙草の味が旨いと感じるようになったのはいつ頃からなのか？　というか、煙草って旨い不味いの対象になり得るものなのか？　確かに味は幾種類もある。濃口から薄口、メンソールもあれば今時はフルーティなものまでと幅広い。しかし、どれも「美味しい！」という味に対する満足感ではなく、どちらかというと精神安定剤的な安堵感なんですよね。だって喫煙者にとって煙草は嗜好品のひとつではなく、もはや日常生活の一部なんですから。

辞めざるをえないその日まで

煙草を吸わない人でも朝目が覚めたらコーヒーか紅茶が飲みたくなるでしょ。喫煙者も同じです。起き抜けに煙草をまず吸って、「おぇっ」と吐き気を催してからコーヒーを飲むだけの違い。食後にデザートが食べたくなるでしょ。けどほとんどの喫煙者はデザートなどに興味はありませんから。食べ終わったらまず一服。煙草はデザートの代わりにもなるんです。

ちなみに、わたしは未だに日に80～100本吸っております。要するにわたしの主食はニコチンなわけです。ニコチンがわたしにとっての炭水化物なんです。

でも、いつかは……わたしも辞めるというわけではなく、煙草を辞めざるをえない時が来るのでしょう。「煙草を取りますか？　それとも命を取りますか？」と、お医者様に問われる日が訪れるのだとおもいます。

だからこそ、できればその日までは吸っていたいのです。極力ご迷惑をお掛けしないように吸いますから。どうか、どうかひとつ！

ダメなオヤジたちよ！

本書は若者達への苦言や憤り、怒りの文面のイメージが強いかもしれませんが、たまには若者の味方もしてみようかなとおもいまして……。

もちろん、全ての若者が物足りないはずがなく、全てのオヤジが正しいはずもなく、世代や時代を問わず真っ当な者は至極真っ当に仕事に従事し、ダメな奴はいくつになろうがダメなわけです。

では、わたしがおもうダメなオヤジとは？

わたしは基本、仕事で結果を残しているオヤジは、人間性はひとまず置いてヨシと考えます。だって仕事は結果ありきですから。ヤングマンは経過も大事ですが、オヤジは経過を言い訳にしてはいけないのです。

加えてオヤジの使命のひとつに、ヤングマンを育てながら結果を出さなくてはならないという重要な責務があります。あえて小さく失敗をさせながら学習させ、大きく失敗しそうな直前に手を差し伸べ致命的な危険を回避する。そして結果を出すではなく、ヤングマンに出させるように導く。

言葉にするのは簡単ですが、コレがなかなか難しい。人間ですから結果が残せない時も多々ありますしね。しかし、そんな時にヤングマンの代わりに責任を負うというのも我々オヤジの仕事なわけです。

こんなオヤジはダメだ！

ところが、昨今はこんなオヤジが増殖傾向とおもわざるをえません。結果が出た場合は俺の手柄。失敗した場合は奴のせいと、手柄を独り占めするばかりか責任からも逃げ回る屑オヤジが……。

それはダメですよ。それじゃヤングマンは付いて来ませんから。ただ、子分が多ければいいというものでもありません。要は歳をとっている以上、「このおっさんと一時（いっとき）でも付き合っておいてよかったな」と、ヤングマンから後追いでもいいから思い出してもらえるような存在にならなきゃダメだってこと。

ならば、どんなやり方でもいいから育ててあげないとね。ヤングマンに嫌われようが疎まれようが恐れずに力ずくでも育てにいかないと。で、逃げられたらソレはその時でいいんです。オヤジなんてフラれてなんぼですから。

「今時の若者は叱るとすぐに辞めてしまうから」とか、「ゆとり世代はわからん」とかをオヤジ共が言い訳にしている場合ではないんです。

オヤジの存在価値

一部のホスト店はある時期、方針を大幅に転換させ、女性をおだてて乗せるから、場合によっては叱りもするけどそれによって信頼を得るという方針に舵を切り、売り上げを倍増させたそうです。まさに時代に沿った大英断。

わたしは、ホストさん達と我々の仕事はどこかで通じているとおもっているんです。相手ありき、ひとりでは成立しないのはどの仕事も変わりませんから。

ゆとり世代が相手だったら、入口はソフトに、もありでしょう。でも、中へ入ったらけっこうハードな世界だった……みたいな。で、そのハードな世界を、苦しくとも興味が持てる世界だと見方を変えさせてあげられればね。

オヤジたるもの、それぐらいのテクニックは備えていないと存在価値はありません。最後にヤングマン達へ。とはいえ、運悪く屑オヤジの下で働かざるをえなくなったとしても、すぐに逃げ出しちゃダメよ。これは完全にわたしの偏った持論ですが、しばらくは人物観察に勤しまないと。じゃないと気がついたら自分自身が屑オヤジになっちゃってますからね。それは嫌でしょ。

それだけはダメなのよ。

第3章　己を知れば百戦危うからず——対人関係について

自分がどんな起用をイメージされているか考える

先日、家でぼ〜っとテレビを観ていた時のこと。

癒し系の芸人さんが司会をされていた。この方が司会を務めている番組はほのぼのとしているモノが多いよな〜と、なんとなくおもった。

チャンネルを変えると、今度はベテランの芸人さんが司会を務めている番組が目に留まった。ふとおもった。この方が司会を務めている番組は、ロケVTRを観ることもなく、喋り倒して笑いに徹している番組が多いよな〜と。

テレビを消して考えてみた。ではわたしはどのような起用のされ方のイメージを視聴者の皆様から持たれているのだろうかと……。

まず、生放送のイメージが強いことは否めない。連日の『バイキング』だけに留まらず、特番でも生放送の依頼がけっこうな本数あるからである。

毒舌という自覚はない

そしてやはり討論系の番組を抱えている印象は色濃くあるだろう。わたし自身は毒舌という自覚はないのだが、黙っていられない性格から言いたい放題のおっさんとおもわれても致し方あるまい。

しかしその内容はというと、芸能から政治まで時事を扱う一方、ギャンブルからグルメから動物から家探しと、かなり幅広いと言える。

で、喋り押しの番組が目立ちやすいかもしれないが、ロケVTRを観ながら楽しくわいわいのレギュラー番組にも出させて頂いているので、わたしの中では半々ぐらいの感覚でいる。

ちなみに同業者の方にいまだに驚かれるのは、「よくそれだけレギュラー番組を抱えていてロケに行きますね」ということ。

だってロケ好きなんだもん。スタジオだけじゃ息が詰まっちゃうんだもん。たしかにスタジオよりも効率は悪いのかもしれないけど、それこそ心のバランスが大事ですからね。

とのことから、結局わたしってなんでも屋なのかなと……。端から見れば一貫性がないように映っているのかもしれない。悪く言えば仕事を選んでいないということになるんでしょう。

仕事は〝自分〟から生まれる

けど、政治は新聞記者あがりの親父の影響で子供の頃から身近でしたし、これまた親父の血なのかギャンブルも大好物ですし、料理は16歳から独り暮らしをしていますからできて当たり前。動物は小学生の頃から家族の一員として実家に存在してましたから。家関係はまったく興味はありませんでしたが、ワンちゃん好きが高じて買う必要に迫られたので、とある番組の企画に乗っかってみたら見事にハマっちゃっただけ。

結局、わたしにとってはどれも自分なんですよね。で、そんなわたしの一面をなにかのキッカケで知ったスタッフさん達が苦労をして企画を起ち上げてくださっているわけで、なにもないモノを無理矢理こしらえていることはないんです。

あ、ひとつあったな。正直、芸能ネタには一切興味はありません。そりゃそうでしょ。物心ついた頃には芸能界にいて、良くも悪くも数々の修羅場を目の当たりにしてきたわけですから、人生いろいろなんて当たり前。なにかしでかしたら自分のケツは自分で拭くしかないんです。

でもソレを言ったらおしまいですからね。お仕事として引き受けた以上、自分の拙い経験と多大なる失敗談をベースに言い切るしかないんです。それができないのならそもそも引き受けるべきではない。ってことは、芸能ネタも含めて全部自分ってことか。これからも、なんでも屋として精進して参りたいとおもいます。

わからないからこそ人生を考え続ける

２０１７年4月から『バイキング』がリニューアルされ、トーク中心の構成となった。その中で、箸休めではないが唯一のＶＴＲコーナーがあり、全てのロケをわたしが担当させて頂いている。

正直、体力的にはしんどいっす。だって、生放送が終わって速攻着替えて、そのままロケへって日々ですから。ですが、メインの立場の者こそ誰よりも労力を払わなければならないというのが、わたしのスジ論。しんどいなんて言ってちゃダメなわけですよ。

とはいえ、そもそもわたしはロケが好きなタイプで、なにより様々な方にお会いできるというのが、疲れを忘れさせてくれると言いますか……。

やはり、スタジオで会うのとは明らかに違うんですよね。スタジオだと、ほぼ仕事モードになるわけです。仕事モードということは、ＣＭの間に雑談こそすれ、あくまでもゲストの方々にリラックスして頂く為の会話となります。

ロケの醍醐味

ですが、ロケの場合は若干空気が緩むわけです。生放送でもありませんから、よりリラックスした状態でお話ができる。ということは、より相手の人柄を感じることができる環境に繋がるということ。

だって、せっかくお会いすることができたわけですから、その人を感じたいし、知りたいですしね。ひとつの仕事として割り切ってこなすことは容易ですが、それでは視聴者のみなさんも面白味に欠けるかもしれませんし、わたしだってつまらない。

ほんと、面白いんですよ。そして、時に考えさせられる。旬の方から、これから売り出そうとしている若手から、元旬の方まで……。

その中で、わたしが特に共鳴するのは元旬の方々ですかね。

しばらく画面から遠ざかっていたような方々が、知らぬ間に結婚、再婚していて、芸能活動と並行して飲食店をやっていたりする。お話を聴くと、充実感を持っている方もいれば、「充実してますよ」と笑顔で言いながら、どこか納得し切れていないような方もいたりして……。

〝元旬の方々〟からおもうこと

でも、どちらが正しくて、どちらが幸せで素敵ということでもない。両者から共通してわたしが感じることは……人生いろいろな生き方があって、生きて行くのはやはりとても困難で、困難だけど、誰しも生きて行かなければならないわけで、そんな行ったり来たりの日々を繰り返しながら、いつの日か笑い話にできるような結末に辿り着くことができれば、それを以ってして幸せと呼ぶことができるのかなと……。

すいませんね、まどろっこしくて。でも考えさせられるって、まどろっこしいことですよね。

山あり谷ありと申しますが、ひとつの世界にしがみついていると、その起伏は落差の激しいモノに見えるのかな〜ってね。けど、ず〜っと遠くの方から俯瞰で見れば、も〜っと歳をとってから振り返れば、山も谷も意外となだらかに見えたりして……。

結局、今わかることはなにもないってことなんでしょうか。人間って執拗にわかりたがる生き物だけど、旅の途中でわかることなどなにひとつない、みたいな。

でも、知りたいのよね〜。

コレは正解だったのか？　果たして間違いだったのか？　この結果が数年後に、どのようにしてどこに繋がっていくのか？　とかとか。

いや、やめときましょ。知らぬが仏。知り得ないからこそ、無意味に足掻けるわけですからね。あ〜、でもいろいろ知りたい！

自分のペースで環境に適応する

わたしは今、フジテレビの楽屋にいる。

平日はほぼ決まった時間に楽屋入りし、決まったルーティーンの中で支度をし、支度を終えるとスタッフさん達と打合せ。そして生放送を迎えるという毎日。

まず楽屋に入るとスタイリストさんが用意してくださった数点の衣装の中から当日着るものを選びます。時間にしてものの10秒で決断。

で、選んだらすぐに畳の上に寝っ転がってメイク開始です。

ちなみに、この寝っ転がりながらメイクをして頂くというスタイルをとるのは、芸能界広しといえどわたしだけかもしれません。何故このようなスタイルになったかと申しますと、メイクをして頂いている最中は目を開けることができません。ということは台本に目を通すことはできない。ならば楽な体勢で少しでも身体を休ませた方が得策なのではと考えたからです。

おかげ様で楽チンはもちろんなのですが、その日の放送内容を頭の中でああでもないこうでもないと巡らせる時間にもなり、好都合と相成りました。

メイク、ヘアセット、打合せ……

メイクの所要時間12〜15分。

メイクを済ませると次はヘアです。髪をこしらえて頂いている間は目を開けていられるので、おのずとお勉強の時間となります。

台本と睨めっこしながら、このテーマの時はAさんにコメントをお願いしようとか、このテーマはBさんは賛成だろうから、Bさんの次は反対意見を持っていそうなCさんにお言葉を頂戴してみようなどとシミュレーションを繰り返します。

『バイキング』の最たる特徴は、専門家の方以外はどこでなにをフられるかが一切台本に書かれていないことなのです。生放送感を色濃く出す為に辿り着いたひとつの方法論なのですが、とのことから、どなたにフるかはわたしのシミュレーションが土台となり、その土台を元に生の会話の中でコロコロと変わっていく。レギュラーのみなさんはもちろん、ゲストの方々の負担も大きいかとおもわれます。

ヘアセット&お勉強の所要時間は25〜30分。

で、これをもってわたし個人の支度は完了となるわけですが、終わるや否や休む間もなく打合せとなります。

適度に手を抜くことが大事

まずは当日の生放送分の打合せ。急なネタ変更がなければ5分程度で終わりますが、時事を扱っている為、突然の変更など日常茶飯事。そんな時は凝縮して打合せをしたとしても15分程度は掛かってしまう。

当日分の打合せを終えると入れ替わりで翌日の曜日のスタッフさん達を迎え入れての打合せ。内容としてはネタ決めと、どのような切り口で構成するかが中心となります。

そして翌日分の打合せを済ませると、翌々日の曜日のスタッフさんを迎え入れての打合せです。

打合せ×3の所要時間は……もうわかりません。

こんな毎日です。正直、トイレに行く時間ももったいないほど。でも、もう慣れました。慣れたというか、慣らされました。

やっぱり人間って凄いっす。環境に対応する能力が半端ない。実際、身体がしんどい時もあります。そんな時は打合せをしていても生返事だけで全然話聴いてませんから。

「それじゃダメじゃん」って？　いえいえ、しんどい時に無理して根を詰めるよりは、適度に手を抜くことの方がよっぽど大事。だって毎日のことなんだから。

気がつけば、そんな風におもえるようになりました。

人を知るにはとにかく話をする

仕事を終え帰宅すると、「今日もよく喋ったな」と感じる日々である。で、なんとなく自身が出演させて頂いている番組を頭の中で並べてみると、トーク主体の番組が多いことに改めて気づくのである。

連日の『バイキング』はもちろん、ブラマヨの吉田くんとやらせて頂いている『好きか嫌いか言う時間』も、ガチで議論しまくりの番組で、ダウンタウンさんとお酒を飲みながらのトーク番組『ダウンタウンなう』も然り。古舘さんと千原ジュニアくんとの深夜番組、『おしゃべりオジサンと怒れる女』もVTRはほとんどない。ボートレース好きが高じて番組化して頂いた『坂上忍のボートレースに乾杯』もトーク一本の内容。

近年のバラエティ番組の主流はVTRを観ながらワイワイガヤガヤと……と言われる中、何故か喋り押しの番組に呼ばれているわたし。

そりゃあ家に帰ってひと息ついた際、「今日もよく喋ったな～」と振り返りたくなるのも当然か。

人は当然、十人十色

でもやっぱり楽しいんですよ、人と話すって。話すというか、話すことによって相手を知ることができるから楽しいとおもえるんでしょうね。

まさに十人十色でいろいろな考えがあって、思考が合う方もいれば真逆の方もいたりして。で、たま～に熱が入り過ぎてガチで腹が立つこともあったりして、「なんだコイツ」って。でも会話を重ねていくと、合わないと感じていた方ともうっすらと接点が見えてきて、「これに関しては同じ考えなんだ」とか、時間を掛けることによって距離が縮まる方もいて。

そこそこ長く生きていると少し話しただけで、「あ、この人はパターンAのタイプね」といったように、勝手にカテゴリーの中にハメ込んでしまったりするものなんですが、それじゃあ相手さんに失礼ですし、なによりもったいないですからね。

仕事柄、滑舌は正直、気になるが……

ただね、正直悩みもあるんですよ。日々話しまくっているが故の悩みとでも申しましょうか。突然、呂律がおかしくなる瞬間があるんです。調子よく話していたとおもったら、ありえない言葉でロレったりして。

そんな時は冷や汗ものといいますか、「ここで来るの！」ってな感じで心の中であたふたしだすんですが、慌てたところで直しようもありませんしね。

なので、喋りながら修正していくしかないんです。というか、逆によく喋るようにします。喋って喋って喋りまくって、箇所箇所で力点に気をつけて滑舌を元に戻していく。

芝居の時も同じです。滑舌がヤバいなと感じた時ほど台詞を置きにいかないで、攻めていった方が戻りやすいですから。

っていうかね、そもそもわたしが気にし過ぎなんだとおもいます。職業病というか、わたしの頃の役者さんは滑舌を徹底的に鍛えられましたから。だからバラエティ番組で仕事をさせて頂いていても、どうしても気になってしまう。

でもね、滑舌がいいから100点かというと、それもまた違ったりするんです。何故かというと、今度は人間味が薄れてしまうから。

たとえるならばアナウンサーさんはそうですよね。逆に人間味というか個人を出し過ぎてはいけないポジションですから。

じゃあ司会はどうなの？　となると、番組内容にもよりますが人間味があった方がいいのは明白ですよね。

ってことで滑舌に気をつけながらも要所で噛み、ロレり、なにより人間っぽさを大切に精進しまっしゅ！

思い出したくない過去も、時には向き合う

わたしは今、新幹線に乗っている。北陸新幹線で軽井沢へ。もちろん、とある番組のロケの為なのだが……。

新幹線に乗ると、必ずと言っていいほど嫌～な記憶が蘇るのだ。ほぼトラウマに等しいほどの、思い出したくもない過去。それは、遅刻。

20歳そこその頃、映画の撮影の為、朝一番の新幹線で京都へ向かった。時代劇といえば京都である。けっこうな大作で、当然監督も巨匠クラス、キャストも隅から隅まで贅沢三昧。そしてわたしの役はというと、ほぼ主役といっても過言ではない重要な役所であった。

事前の準備はみっちりやった。だが……

そんな大事な撮影初日。新幹線の座席に着くなり、台本を開き台詞覚えのチェック。ヨシヨシ、どうやら台詞は完璧に入っているようだ。続いて目を閉じ、シーン毎に動きをシミュレーション。この台詞の時に立ち上がり、この台詞の際には扇子を使い……等々、巨匠クラスの監督ともなると、「座ったまま台詞を言うだけなんて、アホでもできるわ！」と怒鳴られかねないので、極力動きをつけた芝居作りを心掛けていたのです。

しかし、前夜にもみっちりシミュレーションはしていたので、こちらもどうにかなりそうである。

と、その時。いや、その瞬間。安心したわけではないのですが、どこかでフッと気が抜けたんでしょうね。普段、わたしは新幹線はもちろん、飛行機でも車でもバスでも、移動中はほぼ眠れないのに、この時だけは何故か寝てしまったんです。しかも、けっこうな爆睡だったようで……。

突然ガバッと起き上がると、その時点で妙な違和感を覚えました。「なにかが違う」

みたいな感じ。で、窓外に目を向けます。なんてことはない山間の景色。目印になるような物はひとつもありません。なのに、脳ではハッキリと乗り過ごしたことを確信しているんです。

恐る恐る時計に目をやり時間を確認すると、ポケットから乗車券を取り出し、今度は到着時間を確認。すると、時が止まります。うっすらと、「キーン」という耳鳴りがします。はい、乗り過ごし確定!

人生には〝よりによって〟ということがある

今更ですが、わたしはまず遅刻はしないんです。「遅刻だけは死んでもダメ!」と、子役の頃から植え付けられていますから。

なのに何故こんな時に……。よりによって大作映画の、しかも初日に……。

結果、大阪をも乗り過ごし、神戸からUターンして京都の撮影所に入ったのは、予定時刻を3時間半もオーバーした昼前のことでした。

そして極めつきは、お待たせした相手が大御所ばかりだったこと。主演の松方弘樹さんをはじめ、丹波哲郎さん、金子信雄さん、加藤武さん、江原真二郎さん他でございます。

これぞ、よりによってでしょ。ここまでのよりによってもそうそうないとおもいます。当然の如く、覚えていた台詞は遥か彼方に飛んでいってしまいました。台詞が飛んだわけですから、予定していた動きなどできるはずがありません。というか、ほとんど記憶がないんですよね。ひとつだけハッキリと耳に残っているのは、「お前大丈夫か？」という、監督のひと言のみ。

今思い出すだけでも寒気が走ります。とはいえ、強烈な戒めといいますか、以来、新幹線で寝過ごしたことはありません。怖過ぎて寝る気にもなれません。

あ、そろそろ軽井沢に着くみたい。あ〜あ、少しだけでもいいから寝たかったな〜。

誰になんて言われようと「普通」の感覚にこだわり続ける

実は、今回もわたしは、新幹線の車内にて原稿を書いている。さきほどトイレに向かったら、石田純一さんといとうあさこちゃんがいた。喫煙ルームに煙草を吸いに行ったら、篠原信一君がいた。

新幹線って凄いな。こんなに芸能人が乗ってるんだ。

一応わたしも芸能人の端くれなのだが、芸能人を目の当たりにするといまだに、「あ、テレビに出てる人だ」とおもってしまう。

兄や先輩に言われた言葉

べつに素人振っているわけではないのです。以前も綴りましたが、わたしが小学校3

年生の頃、近所の神社で縁日があり、母親に「行きたい」と懇願したところ、「お兄ちゃんと一緒だったらいいよ」と条件を付けられ、すかさず兄貴に頭を下げて頼むと、「お前と一緒に行くとテレビに出てる子だと指をさされるだろ、それが嫌なんだ。お前は普通じゃないんだ。一緒に行きたいんだったら、バレないようにおとなしくしてるならいいぞ」と言われ、以来、頭から普通という言葉が離れなくなりました。

10代の後半には可愛がって頂いていた先輩の役者さんに、「役者を続けるなら、普通の感覚を忘れちゃダメだよ」とアドバイスを頂戴し、更にわたしの脳には普通という2文字が深く刻まれました。

わたしが、自身が出演している番組だったり作品を一切観なくなったのも、観ると反省をし過ぎてしまうからという理由の他に、画面に映る自分に悦を覚えてしまいかねない自分を感じ、その味を知ってしまうと普通が遠のきそうな恐怖がどこかにあるからなのかもしれません。

でもね、おもうんですよ。普通ってなんだろうなって。ひと口に普通と言っても、人それぞれなんじゃないかって。

「普通」にこだわるために

じゃあ、わたしが普通の感覚を維持する為になにをしているかというと、芸能人だからといって無駄に、無理にお高い食事屋さんに行ったりしない。たまに電車やバスを利用する。芸能人だからといって芸能人ばかりと遊ばない。要するに業界外の友達を大切にする。自ら顔バレするような行為、行動は取らない……程度なんですよね。

でもコレって普通というよりも、単純に庶民感覚の維持だったり、危険回避の為、無意識下で目立つような真似は極力しないようにしているのでは？　ととれなくもない。

とはいえ、わたしが幼少の頃から普通という言葉に縛られていることは事実なのである。

で、いい機会なので今お付き合いさせて頂いている彼女さんに訊いてみた。

「俺って普通？」

「は？」

「だから、俺って普通かな」

「え、どの口がそんなこと言ってんの？」

「この口ですけど」

「あなたが普通だったら、普通の人達が逆に異常になっちゃうでしょ」

「え、じゃ、じゃあ、具体的に俺のどの辺りが異常なのかな？」

「数え上げたらキリがないから、とりあえずなにからなにまでって言っとく」

だ、そうです。そこそこショックでしたね。

とはいえ異常に掃除が好きですし、洗濯も大好きですし。異常に時間にうるさいですし、言葉遣いに神経質ですし。異常なまでの愛犬家ですし、異常を超えた数のルーティーンを堅持してますし……。

う～ん、どうやら勝ち目は無さそうだな。

でもね、それでもわたしは普通にこだわりたいとおもいます。わたしなりの普通に。

ほんとうの普通なんてわからないけど、ええ。

たまには残りの人生の選択に悩んでみる

そろそろ1年が終わる、という時期にこれを書いている。といってもまだ10月なのですが、気が早過ぎですかね？　いやいや、この時期になったら終わりも同然です。

それにしても1年があっと言う間だな。年々加速が増す感じで、スピードについて行くのが精一杯。そうなってくると、天邪鬼なわたしは立ち止まりたくなってしまう。だってこのままのスピードで仕事を続けていったら、「ほげっ」って言ってる間に還暦ですからね。それは嫌なんだよな〜。

じゃあどうすりゃいいんだってことになるんですが、代案が見つからないから困っちゃう。リタイアして蕎麦でも打つか？　いやいや、お蕎麦は食べる物です。事業に手を出して一発狙ってみるか？　商才なんて微塵もありません。では、いっそのことギャンブル三昧の余生を過ごすのか？　一瞬でおけらになって、「仕事ください」って泣きついてるに決まってます。

趣味がない——というのは実は贅沢なこと

ね、代わりのモノがないんですよ。だって趣味がないんだから。

でもね、あくまでも趣味は限られた範囲の中で楽しむものですから、仕事と比較できるものではない。ましてや我々は少なからず仕事にやりがいを持ててしまっているわけで、趣味にまで手が伸びない人がいても頷ける職業。要するに贅沢な悩みなんですよ。

とはいえ人間は欲深い生き物ですから、「あれが欲しい！」や「もっと偉くなりたい！」といったわかりやすい欲だけでなく、残りの人生の選択に迷うということも、もしかしたら欲の表れなのかもしれません。だって、こんな50年になるとはおもってませんでしたから。

小学生の頃の予定では、プロ野球選手になっていたはずなんです。なれていたとしたら、今頃はコーチか監督ってことも有り得るわけで、日本シリーズで優勝して選手のみなさんに胴上げされちゃったりして……。

まぁ、1度も1軍に上がれず引退という可能性が高いかな。いや、おそらくそうなっていたことでしょう。

10代の終わりの頃の予定では、イギリスに住んでいたはずなんですよね。バンドを組んでいたので音楽で一発当てるか、カメラマンもいいな〜なんて……。まぁ、その前にちゃんと英語を勉強しとけよってことなんです。片言過ぎてお話にもなりませんでしたから。

20代の半ば頃は役者を辞めて物書きに専念するつもりでいました。メディアに露出することにどこかで疲れてしまい、もともと目立つのが嫌いな性質（たち）だったことも手伝い、誰の目にも触れないところで自分の好きなモノだけを書き続けて飯が食えないかな〜と……。

こちらに限って言えば可能性はゼロではなかったとおもいます。ただ、書けば書くほど書き続けることの大変さを痛感し、且つ、お金を生むまでにとんでもなく長い道程を要することに気づき、楽をする→役者を続けることを選んだ不届きものです。

ズレに迷いながらも続けてみる

結局、やりたいこととやれていることが数ミリもズレることなく叶っている人っているのかな。イチロー選手？　いやいや、彼だってミリ単位、もしかしたらセンチ単位でズレている可能性の方が高い。プロ野球選手→メジャーリーガーという夢は果たせても、本人にしか感じ得ないズレがあったからこそ現役生活を長く続けていられるような気がする。

やはり、なにかを続けるのが大事ってことなんですかね。でも、若い頃ならまだしもと、どこかでおもってしまうのよね〜。

迷える中年のおじさんは、今回はこんな感じです。

わたしの苦手な14のことを考えてみる

カップラーメンは大好きなのだが、具材の葱が苦手なのである。シャキシャキ感がなく、へた〜っとなっている様は、葱と名乗ることすら失礼と考える。

つけ麺ブームのようだが、太麺が苦手なのである。麺なので味がどうこうではない。ただ単に、ボリュームがあり過ぎるのだ。細麺のつけ麺、どうか増やしてください。

パクチーが死ぬほど苦手なのである。あんな臭い食べ物が流行る理由が理解できない。でも、火を通すと臭みが無くなって食べられるのよね。

女性は大好きなのだが、キャバクラが苦手なのである。話術に長けた子なんてほとんどいないし、疑似恋愛にも満たないシステムにそこそこのお金を払う意味がわからない。

玉子焼きが苦手とまでは言わないが、できれば出汁巻き玉子がもっと普及して欲しいのである。甘い玉子焼きがご飯に合うはずもなく、出汁巻きならばいくらでも白飯をかき込めるのだから。

6番目から10番目

柔らかいご飯が苦手を通り越して嫌いなのである。歯応えがあってはじめて飯の旨味が味わえるわけで、柔らかく炊くぐらいならパンでも食ってろよとおもってしまうのだ。若過ぎる女子が苦手なのである。もちろん、若くともしっかりした子はいるのだが、しっかりしていない子に出食わした時の精神的疲弊をおもえば、こちらから迎合する相手でないことは明白だからだ。

二回会っただけで人のことを友達呼ばわりする人が苦手なのである。二回しか会っていないということは、二回分の情報しか持ち合わせていないわけで、そんな微々たる情報量のみで赤の他人を友達と言い切れる神経の持ち主は、そもそも友達の定義自体を理解していない生き物としかおもえないからだ。

フードコートが苦手なのである。人気のお店が集まっているということは消費者にとっては有り難いことなのだが、端っこから俯瞰で眺めた時、いいように踊らされてる感を覚えてしまうのは、わたしだけか？

夏は大好きなのだが、部分的に面倒なのである。だって暑いし、暑いってことは汗をかくわけで、汗をかいたら着替えたくなっちゃうし、着替えたら洗濯物が必然的に増えるということで、どんだけ洗濯すればいいのよって日々になってしまうからだ。

まだまだ苦手は続く

遅刻する輩が許せないのである。そりゃあまぁ、当然よね。

電話が苦手なのである。良い人振るわけではないが、電話だと嘘がつけなくなってしまうのだ。先輩から電話が掛かってきて飲みに誘われる。行きたくもないのに断る理由を咄嗟に見つけられず、無意識に「行きます」と言ってしまっている自分を、どうすれば好きになれるというのか？

コンビニでの小さな袋が苦手なのである。おにぎりをひとつ買っただけで最小の袋に入れてくださるが、掌に収まるサイズだし、バッグにそれぐらいのスペースは空いてるし、すぐに食べればいいだけの話だし、もったいないから廃止にしてください。

胸を張って歩いている人が苦手なのである。背筋が伸びて健康にはいいのかもしれないが、胸を張れるような人生を送ってきていない者からすれば、ナルシストの極み的行為にしか映らず、僻みも含めて横目で覗(うかが)って冷笑するのが精一杯なのだ。

苦手なモノがたくさんあってごめんなさい。でも、みなさんもあるでしょ？

文章を書く時は保身に走らない

先日、水道橋博士さんが『バイキング』にゲスト出演してくださった際、「新潮さんの連載、いつも読んでます。アレはいいですね」とのお言葉を頂いた。

博士さんに限らず、行く先々で同じようなお声を掛けて頂く機会が多いのだが、素直に喜べない自分がいるのである。

もちろん有り難いんですよ。褒められて嫌な気分がする人はいませんから。でも、小欄は所詮殴り書き程度のモノですし、わたしからすれば「さすが新潮さん」ありきの、付け足しレベルの褒め言葉なんてことは重々承知していますから。

ただ、嬉し恥ずかしではないですが、どうしても恥ずかしい想いが勝ってしまうんですよね。

それは活字ならではの恥ずかしさといいますか、書く作業に携わっている方ならご理解頂けるとおもうのですが、けっこう嫌なもんなんですよ。

活字の嫌なところ

だって、まずは知性を測られちゃうでしょ。表現ひとつにしても、「この程度の言葉しか使えねぇのかよ」ってね。「もっと情緒溢れるっつうか、サッと頭ん中で映像を想起させるような表現あんだろ」ってさ。

ハッキリ言っときますけどね、そんなもんないですよ！　それができるぐらいだったら、物書きだけで飯食ってるわ。

あ、すんません。八つ当たりも甚だしいですな。自身の勉強不足を棚に上げて逆ギレするなんてもってのほかでございます。

でも、要はこういうことなんです。活字はごまかしがきかないってこと。映像ならば言葉だけでなく、表情や背景や音声に観ている側の意識は分散されます。しかし、活字媒体は書き手から生まれた文字しかない。それが情報源の全てとなってしまう。

嫌な商売でしょ〜。キリがない作業って気がするでしょ〜。格好をつけようとおもったって、テレビならメイクして小洒落た衣装を用意してもらってって取り繕いようもありますけど、文字にメイクはできませんしね。じゃあ、衣装着せるつもりでカラー頁にしてみたところで、逆に悪目立ちしてアホが際立つだけですから。

文章には、本性が出る

測られるのは知性だけではありません。性根というか、本性も探られかねません。やっぱり出るんですよ、書き手の心の底の部分がね。

だって自分で書いてて感じる時がありますから。「うわっ、出ちゃってる」って。そういう時は、一瞬ごまかそうとして書き直したりするんです。実際、若い時分は無理矢理直しちゃってました。でも、ある時から止めました。

結局ね、保身に走って無理に手を加えたモノってつまんないんですよ。書いててもつまらないし、読み手として読んでみても面白くもなんともない。

だって読者心理からしたら、小説であれエッセイであれ、たとえ映画評であれ、一番感じたいのは書いてるヤツはいったいどんなヤツなのか？ってことだとおもうんです。

少なくともわたしはその部分を強く感じたくて様々な方の活字を追っています。

その上で、書き手としての才能はさておき、ひとりの人間として気になった方の作品は読み続けてみようと……。

あ〜、ヤダヤダ。あ〜、でもやめられない。

物書きとしての才はまったく持ち合わせておりませんが、中途半端に隠すような真似だけはしないと言い切れますので、こんなヤツですが、今後とも宜しくお願い致します！

第4章　人気者には裏がある——同業者について

マツコデラックスには足を向けて寝られない

先日、マツコデラックスと酒を飲んだ。お互いにお世話になっている女性プロデューサーと男性プロデューサーを含めた4人の、ああでもないこうでもないの会。どうやら一年振りの飲み会だったようで……。

男性Pが、「マツコさんが飲みたいと言ってるんですが」と。ほんとうかどうかはさておき、わたしは基本的に演者さんとは積極的にお付き合いをしないタイプなのだが、マツコに限っては別でして。

何故別かと言いますと、頭が良いだったり気遣いの人だったりはみなさんもご承知の通りだとおもいますが、マツコと話をしているとホッとするんですよね。

「すんげぇな」

　というのも、わたしがバラエティ番組に出させて頂くようになり、基本的なルールはおろか、右も左もわからない中、「とりあえず礼儀さえ踏み外さなければいいや」と、半ば開き直って我流で押し切っていたところ、ふとマツコに目が留まったんです。

「あ、ここにも恐ろしく我流のヤツがいた」ってね。

　彼女の場合は頭の回転が早いとか知識が豊富とか、自身の言葉を持ち合わせているとかといったレベルではなく、番組の背負い方が半端じゃない。要するにキッチリ責任を取る覚悟で視聴者の皆様とスタッフさん達と、そして番組そのものと向き合っている。わたしなどは到底足元にも及ばない、すんげぇ人物のひとりだということは間違いないのですが、わたしがマツコを視聴者としてテレビで拝見して、酒を酌み交わしてホッとする最大の理由は、同じヨソ者だということなんです。

　わたしもマツコもバラエティの世界で育ったわけではありません。共にヨソの世界から紛れ込んで来たヨソ者なわけです。

それを言ったら芸人さんも始まりは漫才やコントなわけで、「同じだろ」と仰る方もいるかもしれませんが、ご存知の通り、今やバラエティ界は芸人さんの存在なくして成立しませんから。

そんな名うての芸人さん方がひしめく中、ヨソ者のマツコが今の地位に至るまでを想像しただけで、つくづく「すんげぇな」しかないんです。

マツコが切り拓いた道がある

やっぱり仕事って食うか食われるかですからね。ひとり一軍に上がったら誰かが二軍に落ちるわけで、それはスポーツの世界であれサラリーマンであれ変わらない。

当たり前のことですが、一軍に上がるには人気だけではなく結果が求められます。結果が伴ってはじめて一軍の選手と認められ、一軍に上がったら今度は結果を出し続ける作業になるわけです。

あ〜、書いてるだけで嫌気が差してくる。おそらくマツコもどこかで嫌気が差しながらも、結果を出し続けて来たんでしょうね。

そう考えると、今のわたしはマツコがいなかったら存在すらしていなかったともおもえてくるのです。

マツコがヨソ者としての道を切り拓いてくれたからこそ、「なんだか面倒臭そうな奴だけど、もしかしたらあいつもアリ？」と血迷った方が現れ、しかも血迷った方々がなかなか優秀なテレビマンで、わたしの拙さをあの手この手でカバーしながら結果を出してくださったからの……今。

なので、わたしはマツコに足を向けて寝ることはできないんです。と言いながら、方角を気にして寝たことはただの一度もないんですが、マツコデラックスがわたしにとって特別な存在であることは、間違いありません。

素敵な先輩方には嫉妬すら抱けない

わたしが仕事を引き受けさせて頂く基準のひとつとして、なかなか会えそうにない先輩から呼ばれた時は、優先的に伺うようにしています。

たとえば、先日は関口宏さんのＢＳの番組に寄らせて頂いた。引き受けさせて頂いたことに、相手方のみなさんは少々驚かれていたようですが、関口さんと膝を突き合わせて二人っきりでお話ができる機会がそうそうないということぐらい、わたしですら容易に推察ができる。

だったら行かなきゃ損でしょ。１００％仕事と割り切る案件もあれば、個人的な得を求めた仕事だってないと仕事慣れしてしまいますから。

でもね、やっぱり楽しいんですよ。関口さんとは子役の頃におそらく共演させて頂いているとおもうのですが、お互いに記憶がない。なので、わたしは今の関口さんを勝手に想像して期待と不安に胸を膨らませるしかないわけです。「テレビでは穏やかな感じだけど、すんごい偉そうな人だったら最悪だな」とか、わたしの場合はマイナスなことを中心に頭の中で巡らせてしまいますから。

ですが、ヤラれました。現場に入って控室に通されます。メイクを終えてから関口さんの控室に挨拶に行こうと考えていたのですが、わたしが控室に入って数分も経たないうちに関口さんが来ちゃったんです。

ほんと勘弁して欲しい。いくらホスト役だからといって、わたし風情を相手に先に足を運ばれては、やりづらくってしょうがないから。好きになっちゃうから。人間なんて単純な生き物ですからね、簡単なことでオチちゃったりするんですよ。

でも、オチて良かったです。素敵な方でした。とても充実したひと時でした。

ちっちゃすぎる自分が情けなくなる

つい数日前は、松任谷由実さんのラジオ番組に伺わせて頂きました。ユーミンさんが話してみたいタレントの希望リストの中に、わたしの名前が入っていたようで、だったら行かないととおもいまして……。

だって、あのユーミンですからね。関口さんの場合は、もしかしたら特番などで会う機会が無きにしもあらずですが、ユーミンさんは歌手なわけで、より会う機会は限られるといいますか、ほとんど無いに等しいと考えましたので、行かなきゃ損だろと。

綺麗な人だったな〜。で、貪欲な人でもありました。貪欲というのは、話したいこと、訊きたいことがちゃんとある人ということ。全然時間が足りなかった。お互いに訊きたい欲があり過ぎて、話が嚙み合ってるようで嚙み合わないところが面白かった（笑）。

でも、関口さんと共通して言えることは、当たり前の常識をお持ちのお二人だったということですかね。ホスト&ホステスとしてゲストを迎える立場にある……というごくごく当たり前の認識。プラスα、ある程度の位置まで昇り詰めた方しか持ちえない余裕が相まって、なんとも言えない居心地のいい空間が生まれる。あ〜、嫉妬したくなるわ。ああいった方々に会うとちっちゃ過ぎる自分が情けなくなる。

とはいえ、人の印象は受け止める側の心の持ちようやタイミングによってそれぞれです。あり得ない失礼が目の前で起こり、言葉を選びつつ注意したとしても傲慢と取られることもしばしば。だから、わたしは人の噂は信じないことにしています。自分の目と耳だけが唯一の情報源。

関口さんとユーミンさんは間違いなく、わたしが嫉妬しなくなるほどの素敵な先輩でございました。

気づきをもたらしてくれる人たちがいる①

芸能人には表の顔と裏の顔があるのでは？　などと疑われがちだが、そんなものは芸能人に限らず、誰しも仕事の顔とプライベートの顔があって当たり前。

ただ、我々の場合は番組の企画や役柄によって立ち位置が変わり、芝居であろうがバラエティであろうが１００％素の状態ということはまずあり得ないので、裏の顔を勘繰られてしまうのかもしれません。

先日、『バイキング』で共演させて頂いているＹＯＵさんがお誕生日だったので、こっそりプレゼントをさせて頂いた。すると、数日後にＹＯＵさんからお返しが届きました。大量の煙草とＴシャツが……。

ちなみに、わたしはプレゼントを貰うのが苦手である。お返しをしなくてはならないから。しかも、物欲というものがほぼないので、お気持ちは大変嬉しいのだが、肝心の頂き物にさほど喜びを感じないのよね。ほんと失礼な話なんですが……。

そんな中、唯一有難味を覚えるのが煙草なのです。

どうやらＹＯＵさんは、人づてにわたし付きのスタイリストの連絡先を聞き出し、わたしの好みをリサーチしたらしい。

凄い人ですよね。なかなかどうして、あれだけ忙しい中でそういった労力を払える方はおりません。勉強させて頂きました。

盗むべきところは盗む

『バイキング』のわたしの楽屋には、共演者ではない方も顔を覗かせる。博多大吉さんである。

大吉さんは『バイキング』よりも早い時間に生放送されている『ノンストップ！』に出演している為、生放送終わりに必ず顔を出してくださるのだ。それもほんの一瞬、顔の半分だけを覗かせ小さな声で、「おはようございます」と。

いったいなにを目的に来ているのだろうか？　未だに疑問なのだが、おそらくわたしの生存確認の為と勝手に解釈している。

わたしが連日の生放送に疲弊し発狂していないか？　首を括ってはいないだろうか？ほんの一瞬の顔見せなのだが、無性に愛情を感じてしまうのです。大吉さん、ありがとう。

そういえばこの間、おぎやはぎの小木君が珍しくわたしの楽屋にやってきた。小さな紙袋を抱え、「コレ、かみさんからです」と。

どうやら、どこかの国に旅行に行ってきたようで、これまたお誕生日プレゼントのお返しにということで、奥様から言付けされたらしい。

その時の小木君の表情が、なんだか普通のおじさんの顔をしていたので妙に可愛く映ってしまいまして……。芸能人の中には一歩外に出た途端、演者の顔になる方もいらっしゃるが、わたしはどちらかというと、「カメラが回ってからで充分でしょ」のタイプなので、共演者の方々の無防備な表情が垣間見れると、無条件で愛情を抱いてしまうのです。

小木君、あなたのおっさん面は、キュートでございました。

ということで、今回紹介させて頂いたＹＯＵさん、博多大吉さん、おぎやはぎの小木君……視聴者の皆様にはどのように映っているのだろうか？　まぁ、三人ともわたしよりは遥かに好感度が高いとおもわれるが、近くでお仕事をご一緒させて頂いているわたしからすると、三人さん共にしっかりした方である。そして、独自の礼儀と常識と愛情をお持ちの方と言っていい。

そんなおじさんやおばさんが大好きなのです。そして盗むべきところはキチンと盗ませて頂いている。

だって、わたしも少しでも素敵なおじさんになりたいから……。

気づきをもたらしてくれる人たちがいる②

どこの世界でもそうだが、良い人もいれば悪い人もいて、面白い人もいればつまらない人もいて、ちゃんとしている人もいれば礼儀のひとつも知らない輩がいたりするもの。それは芸能界も然りである。

先日、彦摩呂さんのご自宅でロケをさせて頂いた。言わずと知れた「宝石箱や〜！」のおじさんである。といっても、わたしとひとつしか違わないのだが……。

で、彦摩呂さんは汗をかきながらも、いつものように軽妙なトークで場を盛り上げてくださり、ロケもつつがなく終了したところ、「しーちゃん、アレ取り寄せといたから、アレ持ってって」と言うのだ。

アレと言われてもなんのことやらと戸惑っていると、以前一緒にお仕事させて頂いた際、彦摩呂さんが死ぬ前にこれだけは食べたい！というテーマで紹介してくださった卵かけご飯があり、どうやらその卵をわざわざ取り寄せてくださっていたらしいのだ。

記憶力と実行力

参りますよね。正直、わたしは忘れてましたから。それをちゃ～んと覚えていて、今度共演した時にプレゼントしてあげようと考えていてくださった。その記憶力と実行力は見習わなければいけません。彦摩呂さんありがとう。でも、それ以上体重は増やさないでね。

記憶力と実行力といえば、三田寛子ちゃんもさすがの方でございます。旦那様の件でいろいろあったようですが、妻としての対応振りは称賛に値し、さすがのマスコミのみなさんも「これ以上は……」と、早々に沈静化に持ち込みました。

やはり人間力ってマイナスな時にこそ試され、真価が問われるといいますかね。調子がいい時はなにを言おうがやろうが上手く転がって行くものですから。

でも、寛子ちゃんの場合はちゃんとした努力の裏打ちがあってのものだとおもうのです。だって気遣いが半端ないんですから。

例えば旦那さんの件でわたしが生放送でなにかを発言したとします。放送を終え楽屋に戻ると、すでに寛子ちゃんからのお礼メールが届いているのです。

もちろん、早ければいいというものではございません。ですが、それだけ四方八方にアンテナが立っているからこそできることですよね。アンテナすら設置していない若造とは訳が違うんです。

悩みや迷いが見えれば応援したくなる

とはいえ、若造の中にも応援したくなる子はたくさんいます。

峯岸みなみちゃんは久しぶりに面白い子でした。なんていうんですかね、アイドルなのに若干やさぐれてる感が漂っておりまして、はじめは「この子大丈夫かな?」と不安だったのですが、よくよく観察すると良い意味で悩んでる感が透けて見えてきたんです。で、探り探りイジってみると、これがけっこう反応が良くてですね、ならばとおもい今度は無理難題を押しつけてみると生き生きと輝き出すじゃありませんか!

おかげ様で、ロケはみなみちゃんのワンマンショーに仕上がりました。

帰りの車中、チョロッとお話しさせて頂いたんですが、やはりいろいろとおもうところがあったようで、自分の立ち位置というか、見せ方といいますかね。誰しも一度は通る道だとはおもうのですが……。

でも、そういった悩みや迷いが透けて見えるって、とても良いことだとおもうんです。だって単純に応援したくなりますから。隠されてしまったら応援のしようもありませんからね。

峯岸みなみちゃんは、また共演したくなる若造さんでございました。

気づきをもたらしてくれる人たちがいる③

ケンドーコバヤシが好きだ。

なにがいいって、出しゃばるわけでもなく自然とそこに存在してくれるから。要するに佇み方が見事なのである。しかも男気をしっかり持っている方なので、更なる安心感を共演者に与えてくれる。

若干発言に下ネタが多いような気もするが、それも含めてケンコバは男前なオスなのである。

先日、はじめておぎやはぎの矢作くんと飲んだ。改めて面白い男だな~とおもった。テレビに映るイメージのまま、今イチ摑みどころがない。かといって相手を不快にさせる臭いは一切なく、どんな話題にもすんなりと対応して、ゆらゆらと漂うように溶け込んでくる。あの独特の力の抜け加減が、なんとも言えず心地いいんですよね。

天性のものなのか？　計算なのか？　計算だとしたら凄いことだな。

バナナマンの日村くんには、会うほどに頭の下がる想い。

あのキャリアでわたしの楽屋に挨拶に来られても恐縮してしまうだけなのだが、これまた嫌味がないんですよね。マジで礼儀正しい。

つい先日も、とある番組の飲み会で一緒になりまして、わたしはいつもの如くワンちゃんのお散歩があるので中座させて頂いたんですが、何故か日村くんは表まで追いかけて来て、「いろいろお世話になってます。また宜しくお願いします」と……。

挨拶が綺麗な方を悪く言う人はいませんから。わたしなどは特に見習わなきゃいけません。

若い頃巧くいっていない関係でも

矢作くん同様『バイキング』でご一緒させて頂いている、ヤッくんこと薬丸裕英さん。

実はわたし達、若い頃はあまり巧くいっておりませんでした。

ヤッくんは言わずと知れたトップアイドル。わたしは恥ずかしながらロックバンドを組んでいた時期がありまして、歌い手として数回共演したこともあるのですが、お互い若気の至りでかなりトンガっており、直接ぶつかったことはないものの快くおもっていなかったことは明白でした。

で、先日はじめて盃を交わした際、お互いに「気に入らねぇ奴だな」と感じていたことが改めて立証された次第。

ですが、それから30年余の月日が流れバラエティ番組で共演するわけですからね。

ヤックんの凄いところは、とにかく律儀といいますか、盆暮れの付け届けは当たり前。それよりも、たとえばわたしがヤックんに誕生日プレゼントを贈ったとします。すると、数日後にはご丁寧なお手紙が事務所に届けられるのです。

ぶっちゃけ、これも当たり前といったらそれまでなんですが、その手際の良さだったり素早い対応だったりが、俄かではないことを示しているんですよね。礼儀というモノがちゃんと身体に染みついている。目上の方々としっかりとしたお付き合いをされてきた方なんだな〜と……。

相変わらず礼儀ばかりでうるさく感じる方もいるかもしれませんが、借りを作らずに生きるという考え方でもいいとおもうんです。

なにかを頂いたら、借りを作りたくないから必ずお返しをする。そのうちいちいちお返しするのが面倒だから、自分から先に贈ってしまえ。そんなことを繰り返していると、借りだなんだではなく、素直に感謝の気持ちをお届けできるようになったりして……。

是非、試してみてくださいな。

和田アキ子さんの〝凄さ〟に惚れる

和田アキ子という生き物がいる。こんな書き出しをアッコさんに読まれたらぶん殴られるかもしれないが、ここは勇気を持って……。

和田アキ子さん、言わずと知れた芸能界のゴッド姐ちゃんだ。わたしももれなくアッコさんにお世話になっているひとりだが、その歴史は極めて浅い。

3年……ぐらいですかね。出会いはアッコさんの番組にゲストとして出演させて頂いた際、なんと収録中にご飯というか飲み会に誘われまして、というか半ば強制的に返事をさせられまして出席させて頂いた次第。

ただ、わたしもこういった性格ですので、その席で不快なおもいだったり、なんとなく違和感を覚えた場合は、わかりやすく次のお誘いからは断り続ける性分なのですが、今現在もお付き合いをさせて頂いております。

なぜお付き合いをさせて頂くか

では、居心地が良かったのか？　それとはまた別なんですよね。居心地が良かったというよりは、「なんてまともな方なんだろう」と強く感じたからなのです。

アッコさんといえば強面のイメージが強いのかもしれませんが、恐ろしいまでの気遣いの方です。先輩だからと安直に持ち上げているわけではありません。っていうか、ひとつの業界で長年トップにいる方は、職業問わず気遣いができなければ君臨し続けることはできませんから。

とはいえ、違った意味で怖いのは確かなのです。何故ならば、アッコさんは誰よりも常識人だから。

いつも驚かされるのは、あれだけのキャリアがありながら、ひとつひとつの仕事と向き合う姿勢が真摯で素直ということ。当たり前のことなんです。ですが、地位と共に、実績を重ねれば重ねるほど良くも悪くも人は変化していきますから。

では、アッコさんは良い方向に変化していったのかというと、これは勝手な想像でしかないのですが、おそらく変わっていないのかなと。

何曲ヒット曲を出そうが、紅白歌合戦に何回出場しようが、おそらくず〜っと緊張して、だからこそ練習を繰り返して、体調を整えて唄い続けてこられたのかなと。そんな気がするんですよね。

一発で惚れました

そしてもうひとつ、わたしがアッコさんの真っ当さを感じたのは、付いていらっしゃるマネージャーさんにお会いした時でした。

例えばアッコさんの酔い加減に黄色信号が灯ると、「あと1時間だけ」、「あと30分だけ」と言いながら延々と引き止められてしまうのですが、そんな時はマネージャーさんがアッコさんの目を盗んでわたしの耳元に、「1時間以内に抜けられるようにしますんで、あと1時間だけお付き合いください」とささやいて、見事な捌きでほんとうに1時間以内にお開きにしてくださるのです。

そしてその捌き方が心憎いのは、本来ならばアッコさんのマネージャーさんであり、あれだけの大御所ですから、酔ったとはいえアッコさんを中心に気配り目配りをしがちなものなんですが、あくまでも我々客人優先の姿勢を貫き通してくださる。その姿を見て、わたしは一発で惚れてしまいまして……。

ただ、それこそがアッコさんの真っ当さというか、だってそのマネージャーさんはアッコさんに育てられた方ですから。マネージャーさんの言動、立ち居振る舞いは全てアッコさんの血が入っていると言っても過言ではない。

和田アキ子は凄い生き物なのである。もちろん、酒癖も含めてね。

第5章　ヤクザな親父が教えてくれた——過去について

ギリギリ堅気として仕事をする

数日前に、ご近所さんに鰺の干物を頂いた。めちゃめちゃ美味しかった。ちなみに自分で言うのもなんですが、わたしは魚の食べ方がけっこう巧いのである。なぜかというと、子供の頃に親父にうるさく躾けられたから……。

魚は種類によって骨の硬さはもちろん、骨の入り方が異なる。釣りキチの親父はとても詳しく、食べ終わった後は見事に頭と骨と尾が残るだけ。そんな作法を知る由もない幼き時分のわたしは、毎回身を掻き集めるように食べ散らかし、親父から、「魚に失礼だ」と言われ、一から食べ直しを命じられていたのである。

正直、嫌でした。面倒臭いったらありゃしない。食べた気が全然しなかった。でも今おもえば、教わっておいてよかったかなと……。

そんなことを、鰺の干物をつまみに焼酎をやりながら、なんとな〜く思い出しちゃったのよね～。で、他にも親父に教わったことってあったかな～と記憶を辿ってみると、これが意外とありまして……。

親父から教わったこと

食つながりでいうと、味噌汁ですかね。親父が作る味噌汁で一番驚いたのは、オカラをしこたま放り込んだ味噌汁。はじめて目にした時は、「ウチってそんなに貧乏なのかな」と暗い気持ちになりましたが、食べてみると美味いのなんの。なんとも言えないトロトロ感とザラザラ感が舌の上でからみあって、その上かさましではないですが、オカラですから満腹感もあり、今でもたまに作るほどの美味でございます。

あとは……そう、親父は下駄や雪駄を履いていたので、鼻緒が切れた際の応急処置の仕方も教わったな。

それと物書きだった為、万年筆のインクの入れ替え方や筆先の走らせ方も……。

日本酒の燗のつけ方も教わりました。特級はぬる燗で充分だけど、二級酒は熱めがいいとかね。

それと……お酒が行き過ぎると女性に手を挙げる腐った男もいるんだなということを、実演でも見せて頂きました。もちろん、加害者は親父で、被害者はわたしの母でございます。

競艇行って勝てば焼肉、たとえ負けても母に無理矢理金を出させて寿司屋の暖簾を潜る。勝っても負けても変わんねぇじゃねぇか！　ってね。

真似したいこと、したくないこと

かなり脱線してしまいましたが、幼き頃に親から受けた手ほどきは、成人してもかなりな影響力を残すものだなと改めておもうわけです。そして其れ等の影響という種がどのように、どの方向へ育ち、蔦を伸ばしていくかによって、人生が決まってしまうこともあるのだろうなと……。

親父のおかげで、魚が捌けるようになり、恥ずかしくない食べ方もできるようになりました。

下駄の鼻緒の応急処置法は、時代劇などに出演する際、そこそこ役に立っております。

万年筆の筆先の走らせ方を教わりましたが、ごめんなさい、パソコン使っちゃってます。

あなたに負けず劣らず毎夜酒をたしなんでおりますが、あなたのおかげで飲み過ぎて女性をぶん殴るような真似はできませんし、相変わらず競艇も楽しんでおりますが、借金してまでという気には到底なれません。

焼肉も寿司も大好きですが、人様に奢って頂くのは気が引けるので、ほぼ自腹でしか行っておりません。

あなたは堅気でしたが、生き方は堅気とは言えないモノでした。でも、そんなあなたのおかげで、わたしはギリギリ堅気として仕事をさせて頂いております。

生かされている有り難みを感じる

わたくし坂上忍は、どうやらあと数日で50歳を迎えるようである。

50ということは半世紀ってことですよね。まぁ、よくぞここまで無事に生きて来れたなと、感謝の念を抱くと共にある種のミラクルを感じている次第。

だって半世紀も生きてりゃいろいろありますから。誰しも一度や二度死にかけたことだってあるでしょ。

わたしももれなくありました。あれはわたしが中学生の頃のこと、人の道から外れガッツリやんちゃをしていた頃でございます。

数人の不良仲間がわたしの部屋に集まり、親が田舎に帰っていたのをいいことに飲酒パーティをしていたのですが、中学生ですから当然お金がありません。なので安いお酒を買い漁り、且つ早く酔えるようにとストローでウィスキーをすすり飲みしていたところ、やっぱり酔うんですよ。しかもヤバい酔い方というか、急に来るんですよね。

全裸でダイブ

で、みんなでベロベロになって騒いでいたら、誰かが野球拳をやろうと言い出し、わたしは当時からジャンケンがめちゃめちゃ弱かったので、瞬く間に全裸姿になってしまいました。

その時です。今でも何故あんなことになったのか解析不能なのですが、ウルトラマンの真似して二階から飛んじゃったんですよね。「シュワッチッ！」って叫びながら。で、飛んだ瞬間に「やっちゃった！」というところまでは覚えてるんです。

ちなみに「やっちゃった！」というのは死を意味しております。だってちょうど表の駐車場のコンクリートに着地するぐらいに真っ逆さま＝頭から突っ込む角度だったものですから。普通に首の骨は折れるだろうなと。

ただ、ここでミラクルが起きます。兄の車がいつもより駐車場ギリギリの位置で停められていたのです。

そのおかげで車のボンネットに胸を強打し、バウンドしてコンクリート上にゴロン。内村航平選手のような着地とはいきませんでしたが、なんと打撲と擦り傷のみで一命を取り留めたのでございます。

ミラクル再び

18歳の頃にもこんなことがありました。免許取り立てのわたしは粋がって中央高速を180キロでぶっ飛ばしておりました。F1が流行ってましたからね、気分はアイルトン・セナですよ。

ですが、わたしがセナのようなドライビング・テクニックを持っているはずもなく、大型トラックを追い越そうとした瞬間にハンドルを取られてしまい大スピン！　もうね、ほとんど独楽でした。目に映る物はほぼ斜線状になってましたし、半分気を失いましたからね。

でもね、ここでまたミラクルなんです。ハンドル操作なんてひとつもやってないんです。だって気ぃ失ってんだから。なのに、クルクルクルクル〜って回ったとおもったら、高速道路の待避場所があるじゃないですか、なんとあそこにスッポリ収まったんですよ。テレビでスタントマンの方が急ハンドルを切ってわずかな隙間に縦列駐車させたりしてるじゃないですか、まさにあんな感じです。

あんなことってあるんですね。死んでいておかしくないというか、生きてる方が不思議といいますか。

ですからわたしなどはまさに生かして頂いているって感じなんですよ。だって自分で勝手に悪さして勝手に死にかけただけですから。

なので、これから何年生きられるかわかりませんが、どこかで有難みを感じながら、50代を楽しみたいとおもいます。

もったいないほどの美人とは、釣り合いを自覚する

これはわたしの完全な独断と偏見なのだが、「美人故の不幸」というものが存在するとおもっている。

その昔、こんなわたしでもそこそこモテた時期がありまして、わたしにはもったいないほどの美人さんとお付き合いをさせて頂いた時のこと。酒の勢いに任せてどさくさ紛れに告白をすると、意外や意外、あっさり「いいよ」との返事を頂戴した時には小躍りせんばかりに喜んだものです。

そりゃあそうでしょ、若い頃は性格なんて二の次で外見でしか判断してないんですから。言葉は悪いですが、当時のわたしは美人だったら誰だってよかったんだとおもいます。

デートしても楽しくて仕方がありませんでした。それまではどちらかというと職業柄

も手伝って隠密デート派だったんですが、いきなり「東京ウォーカー」とか読み出して
デートスポットを調べ上げ、これみよがしに人目に付く場所に出没してましたから。と
にかく彼女を自慢したくてしょうがなかったんでしょうね。

落とし所が見つからない

ただ、幸せな時間ってほんと長く続かないものなんですよね。楽しかったのは半年ぐ
らいだったかな。
ありがちな話なんですが、徐々にお互いの性格や思考が形として見えてきまして、ぶ
つかりはじめたんです。
ですが、わたしはそれまでにお付き合いをさせて頂いた女性達との経験から、たとえ
口論になったとしてもどこかで落とし所を見つける術は身に付けていると自信を持って
いたんです。が、彼女に限って全然折り合いがつかないといいますか、全否定されてし
まう始末でして……。
これもわたしの勝手な持論ですが、男女の仲に於いて10対0は有り得ないと。たとえ

わたしが100%悪くとも、9対1や8対2にすることによって次に繋げることができるとおもっているわけです。けれど彼女はそれを許さない。わたしが悪い場合は10対0が当たり前。お互い様の時でも9対1で彼女が正しく、極めつきは彼女に100%落度があった時でも、「わたしをそうさせたのはあなたじゃない!」と取り付く島もない。

正直、頭がおかしくなりそうでした。何度も別れを切り出そうとしましたが、その勇気が持てなかった。だってめちゃくちゃ美人なんだもん!

「美人故の不幸」

でね、改めて考えてみたんです。何故彼女はここまで強気になれるのか? 自信を持てるのか? これほどの美人がわたしが初めての男であるはずがなく、ということはわたし同様、それなりのいざこざを経験して学習能力は身に付けているはずだろうと。

そんな時、ふと彼女の口癖を思い出しまして。その口癖というのが、「そんなこと言われたことがない」。

なんか合点がいってしまいましてね。要するに彼女は美人さんなんです。美人過ぎるが故に、普通なら当たり前のように口論になるはずのところを、男の方が口をつぐんでしまう。彼女の一方的な理屈を、時に屁理屈を受け入れてしまう。その結果、幸か不幸か彼女は自身の価値観のみで生きてこられてしまったのではと……。

でも冷静に振り返れば、わたしが釣り合いの取れない男だったということに尽きるのかなと。彼女の価値観を変える程の容姿、頭脳、経済力を持ち合わせていなかっただけの話なのかなと。

美人と五分の付き合いがしたいなら、己の容姿も五分かそれ以上じゃないと。だって高嶺の花っていうぐらいですから。

あ〜あ、なんだか嫌になってきたな〜。

「苦手」がもたらす縁もある

わたしは今、飛行機に乗っている。大阪での仕事の為、泣く泣く飛行機に乗らされているのだ。

以前にもどこかで触れましたが、わたしは高い所が大の苦手でして。飛行機はもちろん、スカイツリー、タワーマンション、観覧車、トラックの助手席に座っただけでも高さを感じてしまうぐらい。

ただわたしも歳をとったんですかね、ようやく機内で眠れるようになりまして。さすがに熟睡とまではいかないのですが、それでも身体は楽になりますし、有難い限り。だって若い頃は一睡もできませんでしたから。常に肩に、手に力が入っている状態で、少しでも揺れようものなら肘掛けをガッて握り締めて踏ん張ってましたからね。

そんな飛行機嫌いのわたしですが、皮肉なことに元奥さんとの出会いは機内でして。

はい、ＣＡさんだったんです。

「飛行機は苦手なんですか？」

今でも鮮明に覚えていますが、アメリカはロサンゼルスに向かっている機内でのこと。綺麗なＣＡさんがわたしの元へやって来て、「後輩の子が坂上さんのファンで、一緒に写真を撮って頂きたいんですが」と言ってきたのが、元奥さんだったんです。で、「いいですよ」と後輩の女の子と写真を撮り、わたしは自分の座席へ戻ります。ですが飛行機が怖くて仕方がないわたしは寝ることもなく、ひたすら赤ワインを片手に映画を観続けます。

よく言われるんですが、やっぱりただならぬ空気を醸し出しているようなんですよね。映画を楽しんでいるというよりは、なんとか気を紛らわせようとしているオーラが出まくっているんでしょう。

そんな時、察した元奥さんがわたしの元へやって来て、「飛行機は苦手なんですか？」と話し掛けてきてくれたんです。

で、なんとなくお話を続けていると、彼女の実家がわたしの住んでいる家のすぐ近くだったりと共通点が見えてきて。

で、どうやら彼女はトンボ返りではなくロサンゼルスに2泊するとの情報を得まして。

で、どさくさに紛れて食事に誘ったのが、お付き合いをするキッカケとなったのです。

一生忘れない出会い

わからないもんですよね。

わたしが飛行機を苦手にしていなかったら、お話をすることもなかったかもしれない。

わたしが、飛行機が苦手過ぎて異様な空気を漂わせていたからこそ、彼女も気を遣ってわざわざ話し掛けてくれた。

出会いってこんなもんなんですかね。とはいえ、わたしが至らないばっかりに2年足らずでお別れをすることになってしまいましたが、一生忘れない出会いのひとつであることに変わりはありません。

そういえば、それこそバブルの頃はCAさんは大モテでしたからね。まだスチュワーデスさんと言われていた頃、彼女達とお付き合いすることが男のステイタスみたいな時期がありました。先輩の役者さんで、なんとかスチュワーデスさんと付き合いたいという想いから、わざわざスチュワーデスさんと向かい合う席を指定してる人とかいたもんな〜。中には、「全ての航空会社のスチュワーデスを制覇してやる！」と意気込んでいた人もいたりして。

あの人結局制覇することができたのかな？

ちなみに情報によると、わたしが高所恐怖症という噂を聴きつけて、スカイダイビングをさせようとする番組関係者がいますが、死んでもやりませんからね！

フラれ続けてきた原因はわかってます

週刊新潮での連載が今回で１００回目を迎えたそうで……。

早いものですね。１００回と聴くとひとつの区切りのようにおもえてしまう。

「我社はちょっと硬いので、いや、だいぶ硬いので、坂上さんに連載をして頂いて崩してもらいたい」と依頼され、快く引き受けさせて頂いていざ書いてみると、校閲チェックが厳しいのなんの。「言ってることと全然違うじゃん！」と何度叫んだことか。

で、そんなこんなを経ての１００回目なんですが、なにを書きましょうかね。せっかくの区切りの回なんで普段はあまり書かないことでも書いてみましょうか。

わたし、一応5年？　6年？　お付き合いをさせて頂いている彼女さんがいるのですが、ここにきて別れの危機に瀕しております。これ、マジな話です。

とはいえ、今すぐにどうのこうのというわけではないんです。だっていつ結婚してもいいとおもっていましたから。今でもどこかでおもっていますから。

ただ、最後の詰めの作業といいますか、おそらくお互いにひとつだけ引っ掛かることがあって踏み切れない状態でいるのかなと……。

結婚に踏み切れないのは……

浮気とかではないんです。逆に浮気の方が全然楽、だって善悪がハッキリしてるから。すんごく小さなことなんです。とんでもなく細かいことなんです。それは……生活習慣。わたし、なかなか眠れない人なんです。一方、彼女さんは数秒で眠れてしまう人なんです。

わたし、出した物は使い終わったらすぐに元の場所に戻したい派なんです。一方、彼女さんは最後にまとめて元に戻せばいいじゃない派なんです。それでも、わたしが気になって元に戻してしまう。しかし、その行為が彼女さんを煽ってしまっているのは事実なんですよね。

わたし、気になった事は忘れない為にもその場で正す主義なんです。一方、彼女さんはどちらかというと溜め込む派。男にとったら溜めて溜めて一気にドバっと吐き出されるパターンはけっこうな難敵でして、それこそ忘れちゃったりしてますから。

でもね、生活習慣の違いであったり、いわゆる価値観の違いなんてものは当然のことであって、だって他人同士がくっついているわけですから。

『鈍感力』の衝撃

結局のところ、わたしがあまりに寛容さに欠けているということだとおもうんです。奥さんなり彼女さんが言ったことを「はいはいはい」と聞き流すことが未だにできていない。流せないということは一旦停止するということであり、停まっちゃったら話すしかないわけで、話してしまったら衝突する可能性が生まれるということですから。

頭ではわかっているんですが、とにかく言葉に敏感過ぎるんだよな〜。渡辺淳一氏の『鈍感力』を拝読した時は、脳天から打ちのめされたような衝撃を覚えました。

さて、わたしはどうしたらいいんですかね。聞き流す術ってどうやったら身に付けることができるんだろう。でも、仕事場ですらできてないもんな〜。

どこかで自分に自信があり過ぎて、どっかしらで自信が無さ過ぎるが故に即座に反応してしまうのかな？

振り返れば、これまでフラれ続けてきたのも原因は全て同じなんですよね。わたしの異常なまでに過敏に反応してしまう性格。相手を疲れさせるだけでなく、自分までもを疲弊させてしまう。なんか、フラれる姿がうっすらと見えてきたような気が……。

いくつになっても母の味は欲してしまう

50歳にもなって恥ずかしいのですが、たまに母親が作る料理の味を欲する瞬間があるんですよね。

正直、わたしの母はそこまで料理が上手なわけじゃないんです。なんせ大雑把な人なので、味加減も全てなんとなく。しかも東北人なので味が濃いのなんのって……。なのに、幼い頃からの刷り込みなのか、舌が覚えているんですよ。覚えているということは、何年、何十年経とうがふとしたことをキッカケに思い出すわけです。で、無性に欲してしまう。

母の味あれこれ

真っ先に思い浮かぶのはハンバーグかな。一般的なご家庭の倍の大きさはあるかとおもわれます。で、長葱と玉葱のみじん切りがふんだんに混ざっていて、表面はほぼ焦げていました。

なんか美味しさの欠片も感じない表現になってしまいましたが、当時のわたしにとってはご馳走で、50歳になった今も代表的なお袋の味なのです。

あとは長葱を豚肉で巻いたヤツも美味かった。ソースは醤油ベースのとろみがかったもので、兄貴と競い合って食べるんですがスピードでは勝てず、仕方なく残ったソースをご飯にかけてかき込んでましたね。

兄貴とは4歳差なので、なにをやっても勝てなかった。喧嘩はもちろん、おかずの取り合いも然り、何度殺意を覚えたことか。

今時はわかりませんが、男兄弟なんてそんなもんだとおもっています。特に兄貴は親の目を盗んでわたしを虐（いじ）めるのが得意だったもので。で、「現実はこうなんだ！」と親に訴えると、今度は「チクりやがったな」ということで、またヤラれる。

おそらく母親はわかっていたとおもうんです。でも、ほぼ取り合ってくれませんでした。喧嘩両成敗ってことなんでしょうが、わたしは納得がいかなかった。となると、必然的に母親にも殺意を覚えるようになるんです。だって逃げ場がないんだから。

今おもえば、感情の起伏が激しい日々を送っていたんだな〜と。兄貴と仲良く遊んでいたかとおもえば、数秒後には地獄に突き落とされる。母親は見て見ぬ振りをして晩御飯を作っている。「あんな無責任な母親の飯なんか、死んでも食うか！」と心に決める。晩御飯が運ばれて来る。食べないと決めたのに、無意識に箸を持っているわたし。だって食べなかったら全部兄貴に食われちゃうんですから。生きていかなきゃならないんですから。

あの家で育ったからこそ

裕福な家に生まれていたら、もしかしたら母親との関係も、兄貴との仲も違っていたかもしれませんね。いや、違ったでしょう。でも、あの家で良かったです。だって、あの頃に抱いていた殺意は、もう何処かにいっちゃいましたから。

殺意どころか、何故か良い思い出として50歳になった今も、あの頃の母親の味を欲するんですからね。

そうそう、パンの耳のおやつも美味かったな。砂糖を振りかけてフライパンで焼いてね。

友達の家に遊びに行ったら、パンケーキなるモノが出て来た時には目が点になりましたが、味はパンの耳の方が美味かったもんな。

たいした物は食べられませんでしたが、限られた食材で母親はやりくりしながら育ててくれました。わたしの味覚は母の味がベースになっております。よってグルメを名乗る資格はゼロ。

でもおかげ様で、当たり前の「美味しい」の基準は身に付いたような気がします。だって高い物が美味いとは限りませんから。

第6章　ささやかな幸せが究極の幸せである——休暇について

ワンちゃんが教えてくれることがある

わたしは今現在、9匹のワンちゃん達と暮らしている（※2016年11月当時）。頭数が多過ぎるので詳細な紹介は割愛させて頂くが、わたしの日常は仕事を除けばワンちゃんのお世話で埋められているのである。

「それだけ忙しくて、よくお世話ができますね。大変でしょ」と、しばしば訊かれるが、たしかに大変という言葉では片づけられないぐらい毎日大騒動なのだが、それ以上の充足感を得られるからこそ成立しているのだとおもう。

見習うべき部分は多い

充足感の中には、ワンちゃんからの教えも含まれている。

一緒に暮らしているとね、いろいろ勉強になるんですよ。たとえば長男の佐藤さんなんですが、わたしの前ではほんとうに良い子なんです。弟達にも優しい。ですが、わたしがトイレに姿を消した途端、「ウギャギャギャギャギャ〜」との叫び声が！　慌ててリビングに戻ると、佐藤さんは涼しい顔。しかし、下の弟達がビビっている。

要するに、わたしの見えないところで佐藤さんは猛烈に兄貴面を見せつけて、弟達を抑え込んでいたのです。

一方、次男の高橋くんは根っからの優しいお兄ちゃん。ただ、かなりのビビり症でして、お粗相をしてしまった時はわたしが「誰ですか？」と犯人捜しをするのですが、高橋くんが犯人の場合はわかりやすいといいますか、粗相をした上にビビりションもしているので一発で判明するのです。

そんな高橋くんを見る度、一応怒りはするのですが、見習うべき部分は多いなと。だって、隠蔽したくなるものじゃないですか。バレたら怒られちゃうんだから。でも高橋くんは、隠そうとする気持ちよりも「やっちまった！」が勝ってしまう。よって速攻でバレる。でも考えてみてください。人間だって同じ、誰だって間違いはあるんですから正直が一番。

やっちまった→すぐにバレた→とっとと怒られた。そしたら、あとは同じ過ちを繰り返さないように努めればいいんです。もっとも効率的だとはおもいませんか？

そう考えると、モロ隠蔽体質の佐藤さんは反面教師としては好素材ということになります。

パグゾウの究極の「教え」

教えを授かるという意味では、極めつきは四男のパグゾウでしょうか。とにかく余計なことは考えない。頭の中はご飯と寝ることのみと言い切ってもいい。

たまにクーラーなどの修理の為、業者の方が家に入って来る時があります。他の子達は警戒して吠える子もいれば、人懐っこい子は「遊んで遊んで〜」と甘えだす。しかしパグゾウはピクリとも反応しません。おそらく業者の方の存在すら認知していないでしょう。パグゾウの体内時計は朝ご飯の8時と晩ご飯の18時にしか起こそうとしないのであります！

なんて幸せな人生なんでしょうか。ここまでわかりやす過ぎる生き方ってあるのかな？

そんなパグゾウを見る度、感じる度、スーパーウルトラ神経質なわたしは、些細な事で苛々している自分が情けなくなります。で、たまに自分を休めてあげるんです。「いい加減な時があってもいいんじゃないの」と……。

我々はワンちゃん達と言葉を交わすことはできません。ですが、話せないからこそ都合のいいように解釈することができる。自分の足りていない部分を補う為に勝手にお手本にし、見習い、自身を見直すことができるのです。

さ、明日の朝もお散歩頑張ろっと！

田舎はわたしの無駄な執着心を消してくれる

日々田舎暮らしを満喫している、わたし。

田舎と言い切ってしまうと地元の方に叱られるかもしれないが、田舎よりも少し手前といったぐらいだろうか。

周囲は見渡す限り畑や田んぼなのだが、逆側に歩いて行くと30秒もすれば海という好立地。高い建物は一切なく、晴れていれば富士山が拝めるときたもんだ。

なのに都心へは1時間以内で移動可能なので、仕事に支障をきたすこともない。言うことないでしょ。

それもこれも『有吉ゼミ』という番組で、ワンちゃん達と住む為のセカンドハウスを探し回り、最終的には「いっそのこと建てちまえ！」と、後先考えずに踏み切ったのがこの土地、町との出会いである。

住んでみなければわかならい

ただ、家というものは納得のいく箱を作ることができたとしても住んでみないとわからない。ご近所さんとの相性だったり、暮らしてみてはじめて肌で感じる不具合だったり……。

実際、ないことはないんです。雨が降ると下水の臭いがキツかったり、アクアラインが想像以上の頻度で通行止めになったりと……。

でもトータルで考えたら120点満点でした。まずはとにかくご近所さんに恵まれた。一軒家に住む場合、特に田舎暮らしの場合はこれが一番デカいんです。

だってご近所さんを選ぶことはできないわけで、それはご近所さんにとっても同じこと。他所から引っ越して来る人間を地元の方々も選別することはできないわけですから。

もちろんお邪魔する立場としてご挨拶等々はさせて頂きましたが、ご近所トラブルが著しく増加傾向にあるこのご時世に、ほんとうにラッキーだったなと。

今ではワンちゃんの散歩をしていると魚だ野菜だ、炊き込みご飯だ浅蜊だ海苔だと、スーパーに買い物に行く必要がなくなるほどのお裾分けをして頂き、ご近所の皆様には感謝しかないのです。

「ハズレ」を感じなくなる

そして田舎暮らしのわたしの楽しみは、お休みの日に自転車で辺りをチョロチョロすること。

まるまる一日オフという日はなかなか作れないのですが、稀にお仕事が夜からの日などは午前中から自転車に乗ってチョロチョロ。お魚屋さんがあればお刺身を物色。お肉屋さんがあればお総菜を吟味。もちろん当たりもあればハズレもありますが、不思議とハズレても気にならないといいますか、田舎にいるとハズレを感じなくなるといいますか……。

例えば都心で「不味い！」と感じたモノを田舎で食したとします。すると、「決して美味しくはないけど、不味いまではいかない」に変化するんです。

おそらくこれは気分によるところが大きいんでしょうね。のどかな風景を視覚で味わい、海風や草花の香りを嗅覚で吸収することによって生まれた精神的余裕が、味覚を鈍くさせている。いや、おおらかにさせている。いやいや、良い意味で食に対する無駄な執着心を消してくれているのかもしれません。

要するに飯なんてなんだっていいって状態になってるんですよね。めちゃめちゃお腹が減っている時ならなにを食べても美味しく感じるじゃないですか、アノ感覚と似たようなもんです。

別に田舎暮らしをはじめてナチュラリストに目覚めたわけでもなんでもなく、都会で当たり前のように欲していたモノが必要なくなってしまった感じ。

とはいえ、たまには都会のネオンも必要ですから。男ですから、たまにはね。

立ち喰い蕎麦屋で究極の幸せタイムを味わう

連日の帯番組を引き受けて以来、数は減ったものの、新幹線を利用する機会はいまだに多い。

わたしは品川駅で乗車するのですが、駅近辺に立ち喰い蕎麦屋が数軒あり、必ず立ち寄るのがわたしのルーティーン。

お気に入りの蕎麦屋は2軒あって、朝早い列車の場合はおじさんが作ってらっしゃるお店と決めている。

正直、味はもう一軒に比べて劣るのだが、雰囲気がいいのよね。

まず、FMラジオがけっこうな音量で流れているのです。コレを聴くと朝感が増すといいますか、気象情報などが流れると、わたしもサラリーマンになったような気がしまして……。

朝の立ち喰い蕎麦屋の醍醐味

ラジオの音色、サラリーマンのみなさんがすする蕎麦の響き、汁を最後まで飲み干した時の、おじさん特有の「あぁ〜」という呻き、なんだか知らないけどいいもんなんですよ。

ちなみに立ち喰い蕎麦とはいえ、わたしはうどん派でございます。蕎麦屋に入れば当たり前のように蕎麦を頼むのですが、立ち喰い屋さんは蕎麦そのものにこだわるというより、早い美味い安いが売りですから、腹持ちのいいうどんでいいかなと。

で、長葱は多めに入れて頂きトッピングはちくわ天。なにがなんでもちくわ天。最悪ちくわ天がなかった場合はかき揚げ、あるいは紅生姜天、もしくはわかめ＋生卵。

生卵の黄身を崩すのはうどんをだいたい半分ほど食べ終えてからです。最初から崩して汁を濁らせるような真似はしません。半分ぐらい食べた頃には白身も透明からうっすらと白んできて、見た目にも美味さが増しますからね。

昔はうどんにミニカレーも付けておりましたが、さすがに食べ切れなくなり卒業しました。

たかだか5分でホッとする

で、朝早い列車ではない場合はといいますと、おばちゃん達が営んでいる立ち喰い蕎麦屋さんに入ります。

こちらのお店は昼時になりますとトッピングがひとつサービスされるのです。たとえばちくわ天をオーダーすると、きつねでもコロッケでも、なんでも好きな物をひとつプラスできるのです。

ありがたい話でしょ。且つ、長葱も自分で入れられるシステムで、おしんこなども取り放題ときたもんだ。男子にはたまらないお店と言えるでしょう。

ただ、こちらのお店には難点がひとつだけありまして、やたらと話し掛けられるのよね。喋るわ喋るわ。「あの話はほんとなの?」、「あの夫婦は仮面夫婦なんじゃないの?」等々……。

そんなこと訊かれたって答えられるわけがないし、そもそも新幹線に乗る時は時間配分もギリギリで合わせていますから、まともにおばちゃん達の話に乗っていたらせっかくのうどんも食べ切れませんしね。

なのでこちらのお店には昼時の、時間的にも精神的にも余裕がある時に寄らせて頂いているのです。

あ〜、無性に立ち喰い蕎麦屋に行きたくなってきた。最近は立ち喰い蕎麦といえど味のクオリティがメチャメチャ高いお店もあるみたいだし……。

けど、わたしは良くも悪くも立ち喰い蕎麦の味はそこそこでいいとおもっています。そこそこの味であの屋台的な雰囲気があればそれで充分。

食券を差し出せばものの1分で出来上がって、3〜4分で食べ切って「はい、さようなら」。でも、たかだか5分の間にホッとした空気に包まれるのが、究極の幸せタイムなのよね！

ワンちゃんとの雑魚寝がなによりの楽しみである

実は今、もう一軒家を建てているのである。

ちなみにわたしは、都内に小さな家を持っていた。たしか25、26歳の時に購入したと記憶している。

というのも、元々はマンション住まいだったのだが、あるワンちゃんと出会ってしまい、引き取ることに。しかし、わたしが居住していたマンションはペット不可であり、隠れて飼うことになったのです。

ですが、人目を避けてワンちゃんをこっそり連れ出して散歩に行くことに疲れてしまいまして……。

いや、ワンちゃんに対しての申し訳なさが募ってしまい、「だったら買うか」と、半ば勢いで36年ローンを組んで購入した次第。

出会いが生き方まで変えた

そしてそれから20年余が過ぎた頃、わたしは『有吉ゼミ』というバラエティ番組と出会うわけです。

はじめは1回だけのゲスト出演でした。ところが収録を終えた数日後に、「レギュラーで出て頂けませんか?」とのオファーを頂き、快諾。すると数ヵ月が過ぎた頃、「ロケに出て頂けませんか?」との要望があり、「全然いいですよ」と答えると、「興味のあることはなんですか?」と問われ、「実は今、ワンちゃん用のセカンドハウスをネットで探しているんです」と。

このやりとりをキッカケに、「坂上忍、家を買う。」というコーナーが生まれ、「坂上忍、家を建てる。」に変化し、晴れて2年後に2つ目の家を建てることができたのです。

出会いって凄いですね。正直、家なんて全然興味がなかったんです。賃貸の方が気が楽だとおもっていたので。なのにワンちゃんと出会い勢いだけで都内に家を建て、20年余りが過ぎた頃に再びワンちゃんと出会い、番組と出会い、人と出会い、家を建ててしまう。

もうね、ワンちゃん達の様子が全然違うんですよ。土と草と澄んだ空気のおかげでウンチの出も絶好調！　そんな息子達を見ていたら、もっともっと環境を良くしてあげたいなとの新たな欲求が生まれまして、土地を買い足してもう一軒建てることに……ええ。

「だったら庭を拡げた方がいいんじゃないの？」

仰る通りです。もちろん庭も拡げますが、隣にもう一軒建てる理由はただひとつ、一緒に寝られる用の家ということなんです。

躾と楽しみの解決策

わたしは基本、ワンちゃん達とは床を一緒にはしません。それも躾の一環でして、一緒に寝たいのは山々なんですが、それでは我慢を覚えさせることはできません。分けるところは毅然と線を引き、一方で旅に出た時はワンちゃん達と雑魚寝をするのがなによりの楽しみだったんです。そうすることでオンとオフを明確にしてきたんですが、気がつけば休みを取ることも至難の業になってしまいましたから、なにか策はないかなと探っていたところ、「だったら、もう一軒建てちゃおう！」と……。

贅沢な話ですよね。でも都内よりは格段に安いですし、なによりわたしが贅沢を向ける先はギャンブルかワンちゃんしかないので。車も時計も一切興味なし、クラブもキャバクラも若い時に行き倒して飽きました。でもギャンブルは止められませんし、止めません！　ワンちゃんに対しては止める止めないではなく、責任がありますから。

坂上忍、もう一軒家を建ててます。7ヵ月を要して、そろそろ完成です。完成したら、週に1回の割合いで今や11匹になったワンちゃんと一緒に雑魚寝。むふっ。

なので、もう少し働かないとね。もう少し、死ぬ気で働きましょう！

わたしのシフォン論（上）

ぷらっとカフェに入って、ランチを食べた時のこと。カフェよりも定食屋を好むわたしとしてはメニューを見てもそそられず、適当に目についたハンバーガーセットを注文した。

するとと、「お飲み物はこちらから選べます」と、ウェイトレスさん。しかし、そこには生ビールが書かれていなかったので、「生ビールください」と、わたし。「かしこまりました。で、こちらのお飲み物はどれになさいますか？」と、再びウェイトレスさん。

はいはい、要するに、たとえばアイスオーレが600円で、生ビールが650円だとして、50円の差額を払えばセットメニューに書かれていない飲み物でもOKですよ……というシステムではないということなんですよね。生ビールなんて書いてねぇんだから、生ビールが飲みたきゃ別料金で払えと。で、生ビールで腹もタポタポだろうけど、セットには飲み物を付けてやるって言ってんだから、たとえ飲む気にならずともとりあえず頼めよと、そういうことなんでしょう。真昼間からなんの責任感も持たないガキに説教するのも疲れるだけだとおもい直し、仕方なくアイスオーレを頼みました。

お次はデザート選び

すると、ウェイトレスさんが今度はデザートを選べと言う。はいはい、もう考えることすら億劫だったので、「シフォンケーキ」とぶっきらぼうに、わたし。

で、ここからが本題なのですが、このシフォンケーキを巡ってひと悶着ありまして……。

ハンバーガーを頂きました。普通に美味しかったです。生ビールは一気に飲み干しました。これだけクソ暑いんですから一杯ぐらい許してください。で、問題のシフォンケーキとアイスオーレがきました。生ビールの後にアイスオーレなどを飲む気になるはずもなく、忌々しげに水滴で微妙な光彩を放つグラスを見ていたら腹の虫が抑え切れなくなり、嫌味半分でウェイトレスさんに、「テイクアウトできますか？」と訊いてみました。するとウェイトレスさんは、「申し訳ありませんが、シフォンケーキにはバニラアイスがトッピングされておりまして、テイクアウトとなりますと……」。どうやら、わたしとウェイトレスさんが……いや、わたしとこちらのカフェが心を通わせることは、一生を懸けても無い話なんでしょうね。

シフォンの行先

諦めたわたしが、シフォンケーキを食べずにお会計を済ませようと立ち上がったその時、隣の席から、「シフォンケーキ、アイスが付いてるんだって。いいな〜」と、女の子の声が……。すると、「ミクちゃんが頼んだオムライスはセットじゃないから、デザートは付いてないんだよ」と、お母さん。途端、ミクちゃんの表情がみるみるうちに、残念そうに曇っていくじゃありませんか。

ですが、これでめでたしめでたしです。ほんと、世の中って巧くできてますよね。だって、これでようやく行き場を失っていたシフォンケーキの行先が決まったわけですから。

わたしは改めてウェイトレスさんに、努めて穏やかな口調で、「ぼくのシフォンケーキ、ミクちゃんに食べてもらってもいいですかね？」と尋ねました。本来なら、「食べてもらってください」でもよかったのですが、あえて訊いてみるあたりが大人じゃ〜ん！と自画自賛。

しかし、ウェイトレスさんから返ってきた言葉はなんと……久しぶりにｔｏ　ｂｅ　ｃｏｎｔｉｎｕｅｄ。坂上忍、怒りまくりました！

わたしのシフォン論（下）

前回は……ぷらっと入ったカフェでシフォンケーキを巡ってウェイトレスさんとやり合いかけたところ、隣に座っていた女の子のミクちゃんにシフォンケーキを譲ることで一件落着か？　までを綴りました。「ぼくのシフォンケーキ、ミクちゃんに食べてもってもいいですかね？」とウェイトレスさんに尋ねたところ……までを。

しかし、ウェイトレスさんから返ってきた言葉は、わたしの想像を遥かに超えたモノだったのです。

「申し訳ありませんが、お客様が頼まれました物を他所のお客様にお譲りし、万が一なにかがあった場合のことを考えますと、ご遠慮願いたいのですが……」

ほぉ〜、なんだかもっともらしい言い分に聞こえなくもないですが、万が一ってなんなんですかね。たとえばわたしが譲ったシフォンケーキでミクちゃんが食あたりしたとしましょうよ。

でもそれは、わたしが食あたりしようがミクちゃんがしようが、そんな腹を壊すような物を出す店側に問題があるわけで、じゃあ、わたしが腹痛を起こす分には構わないってことですか？　そうではないとするなら、お金を支払った当人が腹痛を起こす分には対処のしようはあるけれど、客同士で譲った物に関しては対処のしようがないってことなわけ？　え、全然よくわからないんですけど。

総クレーム社会はわかりますよ

そりゃあね、今や日本は１億総クレーム社会の世知辛いを通り越したうんこみたいな時代ですから、怖いのはわかります。最悪のことを想定して客対応をしなくてはならないのでしょう。

でもね、わたしはお腹がいっぱいでシフォンケーキが食べられないと言っているわけです。なのでテイクアウトをお願いしてみたのですが、アイスクリームがトッピングされていることからテイクアウトはできないと言われ、シフォンケーキが宙ぶらりんの状態になってしまった。しかし、そこへ隣のミクちゃんがアイスがトッピングされたシフォンケーキに興味を示しました。けれど、ミクちゃんが頼んだオムライスは単品だったようでセット注文ではないことから、デザートは付いてこないと。

一見、登場人物全員が不幸に陥ってしまった！みたいに映りますが、ことはごくごく単純で、シフォンケーキをミクちゃんに食べて頂くことで全ての人間が幸せになれるわけですよ。わたしの苛立ちも収まる、ミクちゃんの胃袋も満たされる、シフォンケーキも捨てられずに済む。これのなにがいけないって言うのよ！

こんなことも許されない世の中ですか。わたしとミクちゃんのお母さんとの間でも折り合いはついているのに、それでも許されませんか。っていうか、このウェイトレスは何者なんだ！

謎の発言権

ええ、要はそこなんですよ。そもそも、なんでこのウェイトレスさんがそこまでの発言権、決定権を持っているのだろうか？　おそらくですが、オーナーの娘さんだったとおもわれます。なので、オーナーさんを呼んで頂きました。すると、お父さんらしき、人の良さそうな方が現れました。で、経緯を説明したところ、「どうぞどうぞ」と即答。「お気遣い頂き有難うございます」と低姿勢。

商売ってなんですか？　時代に即すことも大事ですが、一番はお客様に満足して頂くことじゃないんですか？　別れ際にミクちゃんが、「ありがとうございます。いつも観てます」と笑顔で……。シフォンケーキも美味しいってさ。その笑顔がなによりの宝物なんじゃないんですか？

ひとつぐらい「趣味と実益」のお仕事

わたしは今、福岡におります。というのも、福岡競艇場で「オールスター」という大きなレースが開催されており、最終日のゲストとして呼ばれた次第。

お仕事の内容としましては、お客様を前にしての2回のトークショーと表彰式の花束贈呈だとか。

ですが、それはあくまでも表向きの顔でございます。実際はというと赤鉛筆を片手に1レースから12レースまで全レースをアホみたいに買いまくるという、わたしの本業であるギャンブラーとしての仕事と勝手に解釈しております。

あ！　3レースは1―4―5で決まってたのに、3周1マークで1―4―6に変わっちゃった。なにやってんだよ〜！

失礼しました。ついつい本業の叫びが抑え切れずに出てしまいました。

そんな仕事がひとつぐらいあっても

実は年に数回、事務所にお願いをして大好きなボートレース関連のお仕事を入れて頂いているのです。

そりゃあ毎日スタジオじゃね。ロケもありますが、「趣味と実益を兼ねて」というわけではない。生意気なようですが、そんなお仕事がひとつぐらいあってもいいんじゃないかってね。で、我儘を叶えて頂いているのです。

あ、ちょ、ちょっと待ってください。4レースが始まりました。いいですね〜、このまま1号艇が逃げて、1―4―2、1―4―6のどちらかで決まり！　ん？　ちょちょちょ、3号艇は頑張らなくていいんですよ。なにを無理してそんな……って、なんでよ〜！　なんでこうなっちゃうのよ〜。

そ、そうですか。おそらく今日はこんな日なんでしょうね。1着2着は当たってるんだけど、3着予想が微妙にズレちゃってる感じ。だったら3着は流して買えばいいじゃないってなるのですが、わたしは流して買うのが大嫌いなので、死んでも流すなんてことはしません。予想としては非常にいい線をいっているわけですから、2レース外したぐらいでブレちゃいけないんです。

これって本当に「実益」ある?

あ、度々すみませんでした。5レースはすでに購入済みなので大丈夫です。

で、失礼ながら趣味と実益を兼ねたボートレース関連のお仕事を、年に数回入れて頂いているのですが、よくよく考えると実益という部分では疑問符が付くのです。だって、少なからず利益が生まれるから実益なわけですよね。でも、わたしの場合は頂いているギャラ以上に舟券に注ぎ込んでしまうケースが多々ありまして、というかほとんどでして。そりゃあ当たれば万々歳ですが、ギャンブルの世界はそんなに甘いものではございません。

となると、実は「趣味と実益を兼ねて」ではなく、年に数回大好きなボートレース場に行かせて頂いて、とりあえずお仕事には変わりないんだけど、大好き過ぎてギャラ以上に舟券を買い過ぎてしまい、且つハズしちゃっているからただ働き同然というか、下手すりゃ持ち出しちゃってるだろと……。こういうことになるんですかね。

あ、ちょっとすみませんね。5レースが始まりましたんで。ちなみに5レースは4―1―2、4―1―5の2点で大勝負。かなり自信あります。っていうかコレしかありません。

さぁ、スタートしましたよ。4号艇がいいスタートを切りました。もうひと捲りでしょ！

ん？　え？　なんで？　どうして？　教えて……。

まぁ、こういうことを毎年繰り返しているわけです。繰り返すって大事ですから。

〝身体のメンテ〟も仕事のひとつ！

毎年言ってるような気がしないでもないが、ここ数年働き詰めだった為、昨年は身体を休める日を設けるようにした。

具体的に述べると、週に一度は『バイキング』だけの日を作ること。月に1日は完全オフを確保することである。

ほんとうはもっと休みたいのですが、現状ではこれが限界といいますか、レギュラー番組＋不定期レギュラー＋特番の他に、週末は子役スクールもありますので、正直これが精一杯。

とはいえ有難い話です。我々はお仕事を頂いてなんぼの商売ですので、お声掛け頂いただけで感謝であり、たとえ忙しくなったからといって「もっと休みたい」は言語道断なわけです。

ですが、わたしも50歳。まだまだ発展途上の身とはいえ半世紀ですから、そこかしこにガタがきており、身体のメンテナンスも仕事のうちと割り切らせて頂くことにしました。倒れてからでは逆に多大なるご迷惑をお掛けしてしまいますからね。

バラエティの世界で驚いたこと

でもつくづく感じるのは、芸人さんってマジでタフだなってこと。だってこんな過酷なスケジュールの日々を当たり前のように毎年過ごしているわけですから。

年末年始でようやく休めるかとおもったら、芸人さんにとっては初笑いで逆にかき入れ時だとか。じゃあ、いったいいつ休むのよ。

もちろんハワイに骨休めに行く方もいらっしゃいますが、せっかく休暇で出向いた旅先でも中継の仕事を入れたりして、完全なオフになっていないんだから。

では、滞在先でも付き合い仕事を一切断り、5日間なり1週間なりの完全オフを確保した方がいたとして、その休暇期間を得る為にどれだけ働かなければならないか。

役者育ちのわたしにとって、バラエティの世界に足を踏み入れて一番驚いたのは、売れっ子芸人さんの異常ともおもえるスケジュールの切り方だったかもしれません。

「身体というより、よく頭がおかしくならないね」

わたしが素朴な疑問をぶつけると、「まだ休める立場じゃありませんから」と、ほとんどの芸人さんが仰います。

「じゃあ、どれだけ売れたら気軽に休みを取る気になれるのよ」と、突っ込みを入れたくもなりますが、そもそも売れたくて、整理がつかないほど仕事に追われたくて芸の世界に足を踏み入れたことでしょうから、なかなか足を止めてひと休みという気にはなれないのかもしれません。

好きな職が元気の源

まぁ、わたしはついつい役者業と比べてしまいがちですが、役者はひとつの仕事のスパンが長いので、物理的にも仕事を掛け持つには限界がありますし、同じ業界とはいえ比較対象としては適さないのかもしれません。ただ、それにしても芸人さんは超人だなと感じるのです。

でも、根っこにあるのは好きな職を生業にできているということなんでしょうね。なによりの元気の源というか、じゃなきゃ身体はさておき心が持たないとおもいますから。そういった意味では役者も同じといえるのかな。

好きな職に就けたからこそ走り続けることができる。好きな職に就けたのだから、自分の身体と心と相談しながら休む時は休む。

わたしもそこそこタフなので走り続けることも可能ですが、歳が歳なので後者を選択します。

とはいえ、果たして実現できるのかどうか。いや、公言した以上は、実現しなくてはいけないのです！

ひいた風邪はこじらせない

気をつけてはいたのですが、とうとう風邪をひいてしまいました。

連日の生放送……その日のテーマに添って進行を務めるのがわたしの仕事ですが、それ以前に、そこそこの体調を維持しながら遅刻せずに通い続けるのが、なによりの責任だとおもっているのです。

そこそこでいいんです。万全なんて求める必要はない。だって人間ですから。

ただ、救いはこじらせるまでには至らなかったこと。というか、ようやくこじらせない術を身につけることができた感じ。

そもそも咽喉（のど）の使い方が違う

バラエティ番組に頻繁に呼んで頂くようになって、かれこれ5年。最初の頃は芝居と異なる発声に咽喉が驚き、すぐに潰していました。簡単にご説明しますと、芝居は台詞が決まっています。喋る順番もわかっている。ということは、無意識に準備ができた上で咽喉を使っているわけです。

片やバラエティは、話すテーマは決まっていてもほとんどがアドリブの世界。いつ笑い、いつ大きな声を出すかもわからない。準備のない状況で咽喉を酷使しなければならないのです。

ほんとに一発でしたね。あっという間に潰れてしまいました。ただ、これを乗り越えるには慣れるしかないんです。潰して治して、潰して治してを繰り返して強くしていくしかない。

1年ぐらいかかったかな。気がつけばいくら酷使しても、ひと晩眠れば8割方は回復する咽喉にバージョンアップしておりました。

ですが風邪となるとそうはいきません。ひき方にもよりますが、咽喉にきてしまうと一発でアウトになりかねない。しかし、どれだけ気をつけていても風邪はひく時はひくのです。

ということは、たとえ風邪をひいたとしてもこじらせない術を身につけるしかない。

では、「こじらせないって具体的にどうすればいいのよ」ってことになりますが、これがなかなかアナログでございまして……。

坂上流、風邪をこじらせない方法

あくまでもわたしに限っての対処法ですが、お医者さんに頂いた薬も、薬局で売られている薬もなるべく飲まず、とにかく「ヤベぇな」とおもったらお付き合いがあったとしてもキッパリお断りして、とっとと家に帰ってサッサとお風呂に入ってチャッチャと布団の中に潜り込んで寝る！

で、目が覚めたら汗をかいているので面倒臭がらずに必ず着替えて再び寝る！

ね、なんてことはないというか、かなりアナログでしょ。ですが薬に頼ることをやめて1年半ほど経ちますが、以来風邪をこじらせたことはありません。

肝心なのは、身体に違和感を覚えたらすぐに対処すること。結果的に当たっていようがいまいが、「ヤベぇな」という自身でしか感じ得ない感覚を信じること。で、すぐに身体を休めること。己の肉体が発する愚痴や悲鳴に耳を傾けること、とでも言うんですかね。

わたしのような輩は、若い頃は身体が悲鳴をあげると、逆に更に鞭を打つことによって悦に入っているようなところがありました。中途半端に破滅型に憧れた男子がやりがちな行為と言えるでしょう。

もちろん、そんな時期があってもいいんです。ですが歳を重ねるにつれ、気がつけば風邪にすら脅えるようになる。しかし、その脅えが備えを生み、対処法を授けてくれる。格好をつけるよりも他人様にご迷惑をお掛けしないことを優先するようになる。

格好が悪くて結構！　１年の目標も風邪をこじらせないことでございます。

救いがない〝遊び〟はするな

数日前のことである。朝目覚めると、携帯電話にメールが1件残されていた。「俺、離婚したくないっす」と……。

どうやらわたしの後輩が離婚の危機にあるらしい。7、8行足らずの文面だったが、ほぼ泣き言で占められており状況が摑めない。

「浮気がバレたか？　それ以外か？」と返信してみたものの、待てど暮らせど返事は来ない。

仕方がないので奥さんにメールをしてみました。「旦那から夜中にメールがあったけど、なにかあったのかな？」と……。

すると、さすが奥さんでございます。10分も経たないうちに返信があり、2、3回のメールのやりとりで、わたしも詳細に状況を把握することができました。

要約すると、浮気＋お金＋育児放棄……つまり、全部でした。

有罪確定

はぁ〜あ、なにをやってるんですかね。実は旦那も奥さんも役者でして、そういった意味で双方ともわたしの後輩的存在なのです。披露宴にも出席させて頂きました。結婚を機に奥さんは役者を辞めました。めでたく子供も授かりました。さぁ、これから死ぬ気で働いて奥さんも子供も幸せにしてみせる！って、それこそ男をあげなきゃならない時なのに……。

とはいえ、役者といってもまだまだ駆け出しの身分でして、バイトをしながら芝居を続けている状態。奥さんも大変な子育ての隙間を縫って内職程度の仕事ですが支えていたようで……。

なのに、舞台の仕事が決まると芝居に専念したいとかぬかしてバイトを辞めてしまうようで、当然生活は困窮。子育ても手伝わないばかりか、稽古終わりで飲みに行く始末。

ひとつ言っておきますけど、売れない役者の飲みの席での演劇論なんて糞にも劣りますから。稽古終わりで徹夜でバイトして、ほとんど寝ずに次の日の稽古に参加する子なんて腐るほどいますから。

で、止めは風俗らしいです。金もないのに借金してまで風俗にハマっていたらしく、風俗嬢の方と個人的なメールのやりとりもしていたとか。

はい、有罪確定！こいつはダメだわ。遊びが下手過ぎる。救いがひとつもない。

最悪遊んでも、家族が一番を前提に

夫婦揃って結婚の報告に来た際に言っといたんですけどね。奥さんには、「こいつは浮気するとおもっておいた方がいいよ」と。旦那には、「ただ、最悪浮気をしてしまったとしても、家族が一番ということを前提に遊べよ」と。

説得力があるんだかないんだか怪しいところですが、嫌な予感ほど当たっちゃうものなんですよね。浮気がどうのではなく、やはり遊び方を知らなかったといいますか……。

ただ、これはあくまでも奥さん側からの証言ですから、喧嘩両成敗ではないですが、旦那にも言い分はあるでしょうし……。

いや、手前勝手な言い分はあったとしても、言い訳のしようがないだろうな。無茶苦茶だもんな。

ということは、あとは奥さんがどうジャッジするかに掛かっているということで、離婚も視野に入れているというか、ほぼほぼ決心している模様。

実は明日奥さんが相談したいということで、わたしに会いに来るんです。子供を連れて、旦那は抜きでね。

さぁ、どうする？　正直、相談されても困るんですけど。でも、わたしから離婚を勧めることはないとおもいます。なにがあろうと他人が勧めるものではないですから。

あ〜、なんか憂鬱だわ。

ぼ〜っとできる時間は大切にする

わたしは今、駐車場にいる。正確に述べると、車を100円パーキングに駐車させ、車内で時間を潰している状態。

いつものように生放送を終え、朝から身体が重かったのでテレビ局近くの病院へ行き、にんにく注射を打ってもらい、次の番組のロケ現場へ移動。が、収録まで小一時間空きができたので車内待機となった次第。

たまにポカッと時間が空く時がある。ぼ〜っとできる貴重な時間。ぼ〜っとしていると、日頃考えないようにしている幾つかのことが浮かんでは消える。

「いつまで働くんだろうな」だったり、「まだ留学を諦めたわけではない」だったり、「子供を持つことは諦めたが、ほんとうにそれでいいのだろうか？」だったり、「それ以前に、俺はマジでEDなんじゃないか」だったり、「さすがにそろそろ試した方がいいんじゃないか」だったり、「だったらうん十年振りにラブホテルに行ってみたいな」だったり、「いや、もしバレたらあの師匠のような気の利いた会見は開けないから、やっぱりやめておこう」だったり……無駄にだったりだらけなのである。

優先順位は仕事ではなく「ぼ〜」

わたしが駐車している100円パーキングは、ただ今満車となっている。車が5台しか停められない、小さな100パー。坪にして、35坪ほどか……。とはいえ、この辺りだと坪単価は200万ぐらいだろうから、土地だけで7000万〜8000万はする計算になる。やはり、都心に家を建てるということは並大抵のことではないのだ。

陽が傾いてきた。わたしは助手席側の後部席に座っているのだが、ほぼ直射を受けている状態。数日前ドライバーの子に、「空いているところに停めればいいというものではない。1時間ほど車の中で待機するわけで、眩しくないか程度を計算して停めるのが気遣いの常識だ」、とダメ出しをしたはずなんだが……。

携帯電話のバイブレーターがひっきりなしに震えている。どうせ仕事関係のメールに決まってる。手にしたら最後、仕事モードに戻ってしまうのがオチ。せっかくぼ〜っとできてるんだから、優先順位は仕事ではなく「ぼ〜」である。電源切っちゃお。

ゆる〜くなる時間も大事

サラリーマンの方々がひっきりなしに通り過ぎて行く。皆、ハンカチを片手に忌々しそうに汗を拭っている。Ｙシャツにネクタイの方もいれば、Ｙシャツのみのクールビズ・スタイルの方も……。

ネクタイに憧れたな。象徴的な大人のアイテムに映った。はじめてサラリーマン役を頂いた際、衣装合わせでネクタイを締めた時のなんとも言えないワクワク感を今でも覚えている。

だって役者って制服ってモノがないんですよ。私服なんてどうだっていいんです。どうせ現場に着いたら衣装に着替えさせられちゃうんだから。だからわたしはジャージばかり……。

ちなみに眼鏡も憧れました。無条件で頭が良さそうに見えたから。で、押し入れに読書スペースを作って小さな灯りで本を読み、なんとか目が悪くならないものかと……。

今おもえば、悪くならなくて助かりました。不便ですからね。それに、自然と悪くなるものですし……。

あ、ドライバーくんが戻って来た。再び、お仕事モードに切り替えないとね。

たった小一時間の「ぼ〜」タイムでしたが、くだらないことを振り返るにはちょうどいい。だって、時間が緩やかになりますから。たまにはゆる〜くならないと、ゆる〜くね。

遊ぶ時は遊ばなくてはいかん！

なかなかお休みが取れない中、「それではいかん」と、常に遊びを探しているのだが……。

先日も、『バイキング』で共演させて頂いている雨上がり決死隊のホトちゃんこと蛍原徹さんと、「最近流行りの豪華な寝台車に、二人で乗りに行こうか」と盛り上がり調べてみたのだが、半年ぐらい先までいっぱいなことにまず驚き、しかもそれ以降も抽選ときたもんだ。どんだけみんなお金持ってるのよ。

結局、目を引くものは人気が出るのは当然で、ということは少なからずチケットを巡って争奪戦になるってことなんですよね。

でも、なにかしたいんですよ。なんでもいいから面白そうな遊びがしたいんです。若い頃みたいに盛り場に行ってお姉ちゃん引っ掛けてなんてもういいの。そんなの飽きたし、体力ないし、面倒だし。

なにかいい遊びはないか

競艇の旅打ちもいいけど、わたしにとっての競艇だったりギャンブルは遊びのようで遊びじゃないといいますか、生活までも賭けかねないので遊びの範疇を超えてしまっているんですよね。

手軽な遊びも教えて頂きました。千原ジュニアからは、「ホテル三日月、なかなか面白いですよ」と。せっかく薦められたので一応ネットで調べました。たしかに後輩を連れて大勢で遊びに行くには面白そうなところでしたが、そうじゃないのよね。もう少し贅沢したいわけ。もう少しだけ異空間に身を置きたいわけです。

だったら海外って話になるんですが、帯番組を任されている以上スケジュール的に困難でございまして、結果、コレ！といったところを見出せないまま現在に至っていると……。

若い時なんか、なにしてたって面白かったけどな〜。女子トークじゃないけど、朝まで仲間と飲んで話して、それを1週間繰り返しても全然飽きなかった。今そんなことやったら、翌日の生放送中に嘔吐しかねませんからね。

新しさがほしい

それに、そこそこ遊んで来たというのが、もしかしたらネックになっているのかもしれません。ある程度幅広く遊びを知ってしまうと、なかなか新しいモノに出会えないというか、なかなか新しさを感じない身体になってしまっているというか、要は過去のどれかしらの遊びとダブッて映りますから。

そこでおもいついたのが、豪華寝台列車だったんですけどね。わたしはど真ん中のブルートレイン世代でして、小学校高学年の時に友達と始発に乗って上野駅まで写真を撮りに行きましたよ。「いつか乗ってみたい」ってね。充分過ぎるほど豪華に映ったものですが、今時のはそれを遥かに超えているわけでしょ。ひと車両まるまる占領できるスイート車両ってなんなんですか。

でもチケットが取れないんじゃね。熱が少し冷めるのを待つしかなさそうですが……

けど、そんな悠長なことを言っていたら時間はあっという間に過ぎてしまうんです。とっとと代わりの遊びを探さなくては、なんですよ。

ほんとうだったら寝台車と言わず、世界一周の船旅に出たいんです。子供の頃からの夢でしたから。そこら中にポスターが貼ってあるじゃないですか。

ちなみに、わたしは勝手に世界中の国をくまなく巡る旅と勘違いしていたのですが、そういうことではないということを知り、若干ショックを受けた覚えがあります。

とにかくなんでもいいから遊びたいんです。いや、遊ばなくちゃいけないんです。遊ぶぞ〜！

第7章　闘わずして何が始まるというのか――勝負について

〝打ち切り番組〟のスタッフから闘い続ける心構えを学ぶ

先日、とあるバラエティ番組の打ち上げがあった。

ただ、いつもの打ち上げとは異なる趣旨のものだった。というのも、番組が終了するにあたっての打ち上げ→解散式だったからだ。

ドラマもバラエティも、未来永劫続く番組はほぼ存在しない。始まったものはいつかは終わるのである。

とはいえ、終わり方はそれぞれだ。やり尽くした上で、どこか清々しい気持ちで迎える終わりもあれば、結果が伴わずに道半ばで終了するものもある。

役者育ちのわたしとしては、ドラマの場合はたとえ連続ドラマだとしても、ほとんどは1クールで当たり前に終わるわけで、稀に高視聴率を記録しシーズン2などと続く場合もあるが、高い視聴率を獲得したとしても内容によってはシリーズ化できない作品の方が多いのが現状。バラエティ番組のように、及第点をとっていれば1年2年と続いていくことはないのである。

要するに、ドラマはほぼ終わりありきってことなんですよね。で、わたしはそんな環境の中で育ってきたわけです。だからこそ余計、バラエティ番組の制作に携わるみなさん方の視聴率↓数字を見る目線の違いに驚くといいますか……。

バラエティ制作の現実

だって数字が悪ければたったの3ヵ月で打ち切りなんてこともあるわけで、そりゃあビビるでしょ。血眼になるでしょって話です。

で、そんな終わりを迎えてしまった番組の打ち上げですから、「ほんとに盛り上がるの？」、「お通夜みたいになっちゃうんじゃないの？」と、不安を抱きながら参加させて頂いたんですが、結果的にはとても楽しい飲み会となりました。

人間って凄いですね。挫けないんですよ。正直、そんなに視聴率が悪かったわけじゃないんです。及第点はとっていた。だからこそプロデューサーさんやディレクターさん、司会の方はくやしい思いがあったはずなんです。

ところが、愚痴に終始したり恨み節のひとつもなく、次に繋げることを考えているんですよね。

で、驚いたことに数日後には有言実行、新しい番組の企画書が事務所に届けられまして、どんだけ気持ちの切替え早いんだよって。

でも、やっぱり嬉しいですよ。「次に繋げます!」と口で言うのは簡単ですが、なかなかどうして実現できるものではない。そんな中、速攻で次に繋げるべく作業に入ってくださったわけですから。もちろん二つ返事でスケジュールを渡してしまいました。

闘うことと敗れること

結局、お仕事ってこんなことの繰り返しなんですかね。闘いに挑んで、すぐに敗れる時もあれば、でもいつかは敗れるわけで。で、敗れたらまた拳を振り上げて……の繰り返し。

繰り返すということは嬉し泣きより悔し泣きの方が断然多くなるわけで、気がつけば、泣いている時間ももったいないから、泣きながら次の勝負の為にグーを握る術を覚えていたりして……。

いやいや、そんなことをしてたら身が持ちません。休む時はゆっくり体を、頭を休めないとね。

とはいえ、現役でいる限り闘いから逃れることはできないわけです。闘わずして勝つってこと、できないのかな？　そういえば、どこかの大金持ちさんが言ってたな。「ほんとうの金持ちは自分は闘わないんです。部下に闘わせればいいんですから」と……。

もっともな話ですが、わたしには微塵も響きませんでした。やっぱりわたしは喧嘩をしていたい。ギャンブルをしていたい。だからダメなんだよな〜。

最悪の初対面でも、長く付き合うきっかけになる

先日、わたしがレギュラー出演させて頂いているとある番組のアシスタント・プロデューサーさんが、番組から外れることになったとの報告を受けた。経緯はさておき、そこそこ長いお付き合いだったので、当然のことだが寂しい想いがした。

始まりは激ギレ事件

思い起こせば、彼との付き合いの始まりはわたしの激ギレ事件からだった。某ホテルでロケが行われる日、わたしはいつも通り集合時間よりも早めに現場に着いた。すると待ち構えていた彼の助手である女性スタッフさんが、「ホテルのロビーでお待ちください」と言うので、言われるがままロビーの椅子にチョコンと座っていたのだが、待てど

暮らせどお呼びがかからない。しかもロビーは結婚式のお客様で大賑わいときており、すでにわたしの怒りに火が点いていたのである。

と、遠くから問題の彼が颯爽と歩いて来た。一丁前のプロデューサー面して颯爽と、である。で、「大変申し訳ありませんでした」と来るのかとおもいきや、「すんませんした」と、まぁ軽い軽い。ちなみに、この「すんませんした」は脱字ではない。「すみませんでした」の〝で〟が完全に抜けていたのである。人を待たせておきながら颯爽と登場する姿に「すんませんした」が重なり、わたしの怒りは一気に沸点に達した。

はい、その場で激ギレです。「人を待たせておいて、しかもこんな場所で晒し者にしておいて、その口の利き方はなんだ！」と……。

続けて、上司の方を呼んで頂きました。部下のミスは上司の責任ですから。どういう教育をしてるんだって話ですから。

ただ、これだけはハッキリ言っておきます。わたしはしょっちゅう怒っているイメージがあるようですが、ここまで怒ることは珍しいんです。正直、帰ることも辞さない覚悟で吠えましたから。

とはいえ帰っちゃいけません。わたしひとりの事情で何十人ものスタッフさんやキャストさんに迷惑をかけるわけにはいかない。はい、ちゃんとやるべきことはやって現場を後にしました。

ひと悶着ほど長い付き合い

というわけで、わたしと彼の出会いは最悪なものだったのですが、おかげ様でわたしにありがちなパターンでして、ひと悶着あった相手ほど逆に長い付き合いになるといいますか、仲が深まるといいますか……。

だからこそ、彼が番組から外れると聞いた時、いろいろなことを思い出し、寂しいな～ってね。

ただ、気がつけば彼はけっこうなタフガイに育っておりまして、番組から外れるに伴い疎遠になるかとおもいきや、ある日、わたしの元に別の番組の企画書を持ってきたのです。「絶対面白いとおもうんで、やって頂けませんか！」と……。

なんかね、すっごく嬉しかったんですよ。おたんこなすなアシスタント・プロデューサーだった彼が、まさにいっぱしのプロデューサーになってたわけですから。即答でお引き受けさせて頂きました。そりゃあやるしかないっしょ。

ただマネージャーさんからは叱られてしまいました。「そのスケジュール、どこにあるんですか？」と……。

それはそうですよね。だって、ひとつのお仕事を引き受けるということは、その分のスケジュールを用意しなければいけないということですから。

まぁ、なんとかなるっしょ。だって、こんな気持ちのいいオファーはなかなかないですから。なによりも、それが一番だから。

一度信じた自分は裏切れない

結局、2017年の正月は競艇場に足を運ぶことはなかった。

ひたすら飲んで、寝て、の繰り返し。日頃は5時間程度の睡眠時間なのだが、細かく寝起きを繰り返して8時間は寝ていたとおもわれる。

しかし、競艇場に行かなかったからといって買わなかったわけではない。困ったもので、今時はパソコンで買えてしまいますからね。わざわざ出向かなくとも、全国24の競艇場全ての舟券が買えてしまう便利な世の中なのです。

とはいえ1日に使用できる上限金額は設けられておりまして、一定の金額以内で済ませなくてはならない。まぁ、それでもけっこうな額なんですが、歯止めにはなります。普通の人ならね。

元日早々、焼酎片手にパソコンで舟券を買いまくるわたし。例年なら競艇場で生観戦しながら勝負！勝負！の連続買いとなるのですが、いかんせん上限は決まっている。ですが、見方を変えれば明日以降も買うことができるわけです。休みは4日間。わたしは4日間での長期戦勝負と決めました。

となると面白いもので、初買いとなる初日は今年を占う意味でも最悪チャラ、できれば少しぐらい勝ちたいな〜という気になりまして、珍しく堅めの予想に終始しました。

結果はチョイ浮き。予定通りといいますか、幸先の良いスタートと言っていいでしょう。

大勝ちの予感

問題は2日目です。前日に画面上とはいえエンジン相場は目に焼きついていますから、探りながらの初日よりは勝負はしやすくなる。

もちろん勝負にいきましたよ。前半レースでスマッシュヒットを2連発！　資金に余裕ができれば予想にも好影響を及ぼしますから後半も期待が持てます。

なんか久しぶりに大勝ちの予感がしたんですよ。たま〜にあるんですよね、怖いぐらいに当たってしまう時が。その時の感覚に近いモノを感じたとでも申しましょうか、すなわちソレは「行け！」ってサインですから、男だったら行くしかないでしょ！

で、ええ、その……要はコレなんですよ。そもそも大勝ちの予感ってなんなんだって話なんです。なにを根拠にそんな不確かなモノを信じようとしてしまったのか？　信じてしまったのか？　わたしは霊媒師でも占い師でもマジシャンでもないわけで……。でも、信じてしまったわけです。

可能性を追い掛ける

人間って不思議なもので、一度信じてしまうと自分からは裏切れなくなるんですよね。可能性を追い掛けてしまうといいますか、大勝ちの予感がしたんだから勝負にいく↓けど当たらない↓いや、次は当たるだろう↓でも当たらない↓買っても買っても当たらない↓予感は気のせいだったのか？↓いやいや、そんなはずがない↓勝負を続ける↓結局全部ハズレる。

案の定、2日目は上限いっぱい負けました。ですが、わたしはそれでも予感を信じました。だって感じたんですから！

3日目も全レース勝負しました。3レースほど取りましたが、最終レースに全てをぶっ込み……飛びました。

4日目は、ほとんど記憶がありません。怒りを治める為に焼酎を飲み過ぎました。気がついたら上限オーバーで、後半レースは買えずじまいでした。

結果は明白、2017年も負けました。上限金額×3日分、パソコンで舟券を購入している人ならば容易に想像できる額です。

よって、2017年も働きます。この繰り返しですが、わたしは来年も勝負します！

自分が持っているモノを全て捨ててみる①

映画を監督したり、舞台を演出する際のキャスティングに於いて、大雑把に2通りのパターンがあるとする。

ひとつは、わたし自身がその役者さんに惚れ込み出演をお願いする、至極まっとうなパターン。この場合はすでにその役者さんの演技方法などを全面的に支持、信頼した上での依頼なので、稽古に入ってもスムーズに事が進む。

そしてもうひとつは、お付き合いのあるマネージャーさん等に推薦されるパターンである。

こちらの場合は得てして、「まだまだなのですが、どうか鍛えてやってください」との文言が付け加えられる。

とはいえ、名前は売れていなくとも勘の良い子はすぐにわたしの演出思考を理解し、稽古に支障をきたすことなく付いてくる場合もあるが、やはり多くは何かが足りなく、何かが欠けていたりする。

ただ足りなかったり欠けている場合は、それほど時間は掛からないものなのです。だって足りていない隙間をなにかしらで埋めてあげれば済む話ですから。

実は一番厄介なのは、捨てられない子だったりするのです。

経験が邪魔することもある

捨てられないとは？　たとえばキャリア5年ほどの若手の役者さんがいたとします。小劇団での経験をプラスすれば芸歴は10年としておきましょう。

10年も役者をやっていればそれなりにノウハウを身に付け、演ずることの快感も経験していれば怖さも理解しているでしょう。

で、意外とプライドも高く、このシチュエーションで泣かなくてはならないのであれば、ストレートに泣いても面白味がないので、ちょっと捻って涙を流してみようとか、良く言えば芝居の幅はそこそこ広いと受け取れなくもないですが、悪く言えば計算が透けて見えてしまうタイプと取れなくもない。

要は全体的なバランスが悪いんですよね。キツい言い方をすれば、頭でっかちになり過ぎて実が伴っていない役者さんといいますか、芝居はできるのに売れていないという時点で、バランスが取れていないわけですから。

ただ、わたしはどちらかというとそういう役者さん達とお仕事をする方が好きなのです。で、好きであるが故に必ず意地悪な注文を押しつけます。

「今、あなたが持っているモノを全て捨ててください」と……。

とある監督から言われたこと

みなさんならどうしますか？　わたしも若かりし頃、とある監督さんに言われました。で、わたしは捨てることができませんでした。捨てた振りをしてごまかしてしまいました。ですがクランクアップした後に監督から、「捨てろって言われても難しいよな」と……。

監督はわたしの捨てた振りを見抜いていたということです。で、監督は続けて、「じゃあ捨てるじゃなくて、一時荷物預り所に預けておくだったらできたか？」と。「君のキャリアを否定するつもりはない。でも、君が新しい何かを必要としているならば、一回手ぶらになって欲しかった。大事なモノを手放して欲しかった。しかし人間って生き物は捨てろと言われた途端、何故か捨てたくないという衝動に縛られてしまう。でも、よくよく考えれば、何年か掛けて身に付いた物は、たとえ捨てたとしても拾いに戻ればいいだけの話で、それほど怖いことではないんだよ」。

目から鱗でした。さぁ、目から鱗が落ちてしまったわたしは、その後どうしたのでしょうか？

自分が持っているモノを全て捨ててみる②

若かりし頃、とある監督さんに、「君がこれまでのキャリアの積み重ねで得たモノを捨てろ」と言われたのに捨てることができなかった、わたし。

しかし監督は、「捨てたとしても拾いに戻ればいいんだよ。捨てる行為を恐れ過ぎてはいけない」と、わたしを諭しました。

その言葉が、その後のわたしにどれほどの影響を与えたか。わたしはこの歳になって演出等をする際、良いモノは持っているのに売れる所まで行き切れていない役者さんに対し、もれなく監督の言葉を引用させて頂いております。

簡単に言うと、モロに真似をさせて頂いているわけです。

でも、実際はわたしも捨てられなかったわけで、捨てる振りをして逃げてしまったのですから、容易な作業ではないんです。

「捨てる」難しさ

それはキャリアを積めば積むほど困難になります。だって無駄に知恵が付いてしまうわけですから。

そういった観点から見ると、子役さんを扱う方が楽なんですよね。だって持っているモノがないんだから。真っ新(まっさら)な上に素直ときたもんだ。与えれば与えるだけスポンジのように吸収してくれますからね。

でも突き詰めると役者さんって、その作業を延々と繰り返すことが本来の仕事なのかもしれません。

だって子供は素直だからなんでも吸収してくれると言いながら、結果的にわたしの色は付くわけです。で、その後にわたしが付けた色を大事にし過ぎると、間違った形で大事にし過ぎてしまうと、次に出会った監督が違和感を覚えるかもしれない。で、わたしが付けた色をなんとかして真っ新に戻し、そこから新たに色付けしていく……。

何年か前にシャ乱Qのつんく♂さんと、「どんな子をオーデションで選びます？」という会話になった際、色が付き過ぎていない子、余白がある子……で、意見が一致しました。

やはり演出、プロデュースする側の生理といいますか、足りないモノ、欠けているモノの穴埋めをしたがるのが、演出する者の本能なのかもしれません。

となると、演出される側、プロデュースされる側の役者、タレントさんは、どんなにノウハウを知ろうが経験を積もうが、いつでもどこでも限りなく真っ新な、白に近い状態に戻せる能力を持つに越したことはない。

とはいえどうにもならない監督さんもいらっしゃいますからね。そういった時は素直な振りをして、実際は右から左へ聞き流すという大人な術も必要になりますが……。

素直さと純粋さを維持しつつ、大人な術も時には必要か……なんか面倒臭いな。

捨てたモノはプライド

偉そうなことを2回にもわたって書き連ねてしまいましたが、以前にも別の本で綴ったように、わたしが捨てる作業がなんとな〜くできたとおもえた瞬間は、バラエティ番組でしたから。

40年近く役者として培ったモノを捨て、バラエティ界に身を委ねる。要は役者という肩書を一度捨ててみる。もっと言えば裏切り者になるぐらいの気持ちでしたかね。

でも今になっておもえば、単に役者として培ったモノをバラエティで自分なりに生かしてただけなんですよね。捨てたモノがあるとするならば……それはプライドです。

わたし、恐ろしいまでにプライドが高いクソ野郎なので。でも一回捨ててみました。そしたら新しい同志ができました。新たな闘う場所を頂きました。嬉しいですが、とっても怖いです。

好きなことこそ「ず〜っと勝負」と言い聞かせる

わたしがプロデュースをさせてもらっているキッズアクターズ・スクール「アヴァンセ」だが、有難いことにいまだ頻繁に各所から取材に来て頂いている。

マスコミの方々に興味を持ってもらうことは素直に嬉しいし、なにより広く知って頂けますからね。

とはいえ質問事項は多少の差はあれど、似たり寄ったりというのが現実。「子役さんの養成所をはじめようとおもったキッカケは？」だったり、「レッスンをする上で大変なこと、逆に嬉しいこと」や、「演出、指導する上で大人の役者との違いは？」等々……。

そして最後の質問として、「これからエンターテイメントの世界を目指す子供達に、なにかアドバイスを」、で締めとなるのがほとんどである。

アドバイスは難しい

ただ、正直この質問が一番難しいんですよね。言いようはいくらでもあるんです。「芝居が面白そうだからなんとなくやってみたい、も良し。テレビに出てみたいというミーハーな動機でもまったく問題なし。ただ、もれなく甘い世界ではないので、実際に芝居に触れてみて、どれだけ芝居というモノを好きになれるかを、まずは身体で感じてみたら如何でしょうか」とか、「学校の勉強は正解があるけれど芝居には明確な正解というものはないので、だからこそあえて失敗を繰り返すことが自分にしかないお芝居への近道だったりしますよ」とか……。

もちろんどちらもわたしの本音なんです。根性がひん曲がったわたしは旨いことだけをシャアシャアと語る勇気は持ち合わせておらず、必ず負の部分も付け加えないと落ち着かない故、「甘い世界ではない」といった当たり前の現実だったり、「失敗を繰り返す」という、今時の失敗をしたくない症候群の子供達が一番嫌がるワードを盛り込んでしまう。

でも、ほんとうはそれでも足りないんですよ。できることなら、「ほんとに大変だから、もう一度考えてみな」や、「芝居よりも面白いことなんて腐るほどあるよ」、で済ませたい。

キッズアクターズ・スクールのプロデュースという重責を任されていながら、どこかで子供達を芝居から遠ざけたがる、もうひとりの自分がいる。非常に矛盾しているんですが、これが正真正銘のわたしの本音なんです。

子供相手に安易に薦められない

子役の需要がなくなることはないとおもいます。おそらくみなさんが想像されている以上にチャンスも多いです。大人の役者の世界よりも平等だとおもわれます。

ただ、そこからなんですよね。要は子役という枠から青年、青年という枠から大人、大人から中年、売れたら売れたで如何にして人気を維持するのか？

なんだか知らないけどず〜っと勝負なんですよ。で、ず〜っと日雇いなんです。なのに一度芝居を好きになってしまうとなかなか離れられない摩訶不思議な魅力があるから困っちゃう。そりゃあ安易に薦めることなんてできませんよ。相手が子供なら尚更です。けど、それではインタビューの締めの言葉としては成立しませんから。何回かトライをしてみたんですが、「もう少し前向きな言葉はありませんか」と、訊き直されてしまいました。

なので当校の子供達には、「芝居はヤラされてヤルものではない。ヤリたい想いがあるから恥をかくことも厭わない気持ちになれるんだ」と、口を酸っぱくして言い続けております。

その言葉を、そっくりそのまま自分にも向けて……。

生き物と生きてゆくのも、覚悟

『天才！志村どうぶつ園』をご覧のみなさんの中には知っていらっしゃる方もいるかとおもいますが、２０１７年の６月に茨城県の保護センターからワンちゃんを引き取らせて頂きまして。

で、このワンちゃんというのが前脚を一本失ってしまった子で、どうやら猪の罠に引っ掛かってしまったらしく、保護センターにふらりとやって来た時には、前脚がほぼちぎれてブラブラ状態だったそうです。

しかも猟犬として厳しく育てられたようで、飼い主以外にはなかなか懐かないときた。なのに肝心の飼い主さんはというと、どこに行っちゃったんですかね、おそらく捨ててしまったのではないかということなんです。

やるせないほどの惨状

まぁ、あくまでも推測の話になってしまうのですが、要するに飼い主に捨てられてしまい彷徨っていたところ、猪の罠に掛かり、息も絶え絶えで辿り着いたのが保護センターだったわけです。そういった意味では運が良かったとも言えるのですが、センターに迎え入れるには健康状態をチェックしなければなりません。すると、レントゲンで数え切れないほどの散弾銃の破片が体内に見つかり、わたしも拝見しましたが、怒りを通り越してやるせなくなってしまいました。

ただ、現実問題として可哀相だけでは引き取ることはできません。なんせ我が家にはすでに11匹のワンちゃん達がいるわけで、その全てが小型〜中型犬。前脚の無い彼は大型犬に近い大きさですから、お兄ちゃん達にしてみれば、「ちょっと勘弁してくださいよ」ってことになりかねませんからね。

でもね、もちろん悩みはしましたが、もうどうにもならないんですよ。だってパッと見た時に、「ウチにおいで」っておもっちゃったんだから。不幸な生い立ちの子だからとかではないんです。初めて会った時、小雨降る中で鎖に繋がれて佇んでいる姿を見た瞬間、「君さえ嫌じゃなかったら、ウチにおいでよ」っておもっちゃったんだもん。

簡単に懐きなどしない

で、決めたらわたしは早いので、手続きを済ませ引き取らせて頂きました。お兄ちゃん達は初めこそ驚いておりましたが、不思議なことに拒否反応を示す子はひとりもいなかったんですよね。もう、ほんとに感謝。

ただ、ただなんですよ。とっても頭の良い子なんです。家での粗相などは皆無。吠えもしません。まったくといっていいほど手が掛からない。ただ……懐かない。

覚悟はしていたんです。けど、どこかで仄かに期待もしていたので、あの手この手を使って距離を縮めようと試みるも、結果がなかなか出ない現状に力不足を痛感している次第。

というか、保護センターからワンちゃんを引き取るって、こういうことなんでしょうね。すぐに懐いてくれる子もいるでしょうが、多かれ少なかれ元の飼い主さんの躾、環境、思い出、そして裏切り等々が記憶として残っているわけですから、簡単にいく方がおかしいんです。

筑波サンタと名付けさせて頂きました。推定年齢3歳だそうです。ですが、我が家では末っ子扱い。新参者ですから、当然御飯からなにから全て最後となります。

名前は覚えました。ですが、呼んでも近づいてくれることはほとんどありません。お兄ちゃん達にも、自ら近づくことはありません。性格は穏やかというよりは、相当な頑固者。でも、可愛くて仕方がない。

サンタとわたしの闘いは始まったばかりですが焦ることなく、諦めずに闘い続けます！

おわりに

この頁に辿り着いたということは、ここまで読み進めてくださったということであり、それだけで感謝である。

こんな50歳のおじさんです。

同世代の方々がお読みになれば、多少の共感は得られるかもしれない。逆に若い方々は眉間に皺を寄せる可能性が高い。

何故ならば、わたしは若い子達に決して優しい人間ではないからである。正直、うざいとおもっている節がある。だっていろいろな面で足りていないから。足りない癖に小生意気な口をききやがるから。

そして、わたしが若い頃、小生意気の典型だったから……。

でも、それでいいんです。それこそ若さですからね。若者に罪はない。足りてない者に罪を着せてはいけない。

要は、若者に対して先人たる者達が卑怯になってしまっただけ。疎まれてでも指導する、導くことから逃げてしまっただけなんです。

おじさんやおばさんは嫌われてなんぼとおもえなくなってしまった。あきらかに若者達よりも足りているのに、足りていることをひけらかすことすらできない、今。

ひけらかすって、イヤな言葉でしょ。でも、勘違いしないでね。

たとえば本書を作成するにあたり、担当編集者のK氏のご尽力がなければ、「おわりに」の文章を書くまでに至らなかったとおもいます。

そんなK氏と去年の暮れ、お蕎麦屋さんで本書に関しての打合せをした際、K氏から告げられました。

「妻が、亡くなりました」と……。

わたしと同世代のK氏の肌は土気色をしておりました。もしかしたら奥様の後を追ってしまうのでは？　という危険な臭いが致しました。「踏ん張らないとダメですよ」と声を掛けようとおもいましたが……やめました。何故ならば、自力で乗り越えなければならないからです。そんなことは、K氏自身も重々わかっていることとおもったからです。

それが、おじさん同士のあうんの共通認識というものです。足りていない者には理解しえないアイコンタクトです。

おじさんになるということは、些細な喜びに見合わないほどの苦痛と屈辱にまみれ、僅かな生の誕生と多数の死と遭遇することによって、ギリギリのところで踏ん張る術を覚えるのです。

そして、気がつけば自身が老いている。

頭でわかった振りをしている若者に迎合してまで、わたしは優しくする気にはなれない。ただ、嫌われる覚悟で自身の拙い経験や価値観をほぐすことはできる。

だって、こんなわたしでもいつかは理解してもらいたいという勝手な願望があるから。

面倒臭いおじさんでごめんなさい。遠回し過ぎるおじさんでごめんなさい。

でも、頑張ってとは言えないけど、踏ん張ってください。踏ん張っていれば、大切な人を守りながら、生き抜くことはできますから……。

坂上　忍

本書は、『週刊新潮』の連載「スジ論——わたしのルールブック」（2016年8月4日号～2017年12月21日号）を再編集したものです。

坂上 忍　1967（昭和42）年東京都生まれ。3歳で劇団に入団し、以後俳優として活躍。97年に映画監督デビュー。2009年、子役育成のプロダクションを設立。近年ではバラエティ番組に多数出演、司会などを務める。大の犬好き。

Ⓢ新潮新書

757

おまえの代わりなんていくらだっている
覚悟の仕事論

著　者　坂上　忍

2018年3月20日　発行

発行者　佐藤隆信

発行所　株式会社新潮社
〒162-8711　東京都新宿区矢来町71番地
編集部(03)3266-5430　読者係(03)3266-5111
http://www.shinchosha.co.jp

印刷所　大日本印刷株式会社
製本所　加藤製本株式会社

ISBN978-4-10-610757-3　C0210

価格はカバーに表示してあります。